Karl Kupisch

Kirchengeschichte

Band I

Von den Anfängen bis zu Karl dem Großen

Zweite Auflage

Verlag W. Kohlhammer
Stuttgart Berlin Köln Mainz

Für Gertrud
in Dankbarkeit

Umschlagbild: Hl. Petrus; Italien, 4. Jh.; Bronze, H. 9,3 cm
Skulpturengalerie – Frühchr.-Byzant. Slg.
Staatliche Museen Preußischer Kulturbesitz, Berlin (West)
Foto: Jörg P. Anders, Berlin

CIP-Kurztitelaufnahme der Deutschen Bibliothek

Kupisch, Karl:
Kirchengeschichte / Karl Kupisch. –
Stuttgart; Berlin; Köln; Mainz: Kohlhammer
Bd. 1. Von den Anfängen bis zu Karl dem Großen. –
2. Aufl. – 1983.
(Urban-Taschenbücher; Bd. 168)
ISBN 3-17-007216-1
NE: GT

Zweite Auflage 1983

Stuttgart Berlin Köln Mainz
Verlagsort: Stuttgart
Umschlag: hace
Gesamtherstellung:
W. Kohlhammer Druckerei GmbH + Co. Stuttgart
Printed in Germany

Inhalt

Vorwort

Die Muse der Geschichte, von der einmal gesagt wurde, daß sie den weitesten Horizont habe, steht seit langem mit gesenktem Haupt im Kreise ihrer Schwestern. Die Menschen erwarten von ihr keine Auskünfte mehr, und wer nicht befragt wird, verstummt. Die Beschäftigung mit der Geschichte wird heute weithin für das nutzlose Vergnügen einer überlebten Bildungsschicht gehalten. Das Mißvergnügen an der Historie ist nahezu allgemein geworden. Allenfalls wird sie noch im Roman, im Film und im Fernsehen als Unterhaltungs- oder Sensationsstoff hingenommen. Die auf diese Weise gewonnene Pseudobildung ist für die meisten ausreichend. Goethes Mahnung, daß man die Geschichte »mit einem stillen, feinen Auge« betrachten möge, wenn man sich »dieser großen Existenz« erfreuen will, wird ungläubig als die Illusion eines weltfremden Poeten belächelt.

Geschichtsmüde Zeiten hat es wiederholt gegeben, und der Geschichtskenner mag sich mit dem Worte Hebbels trösten, daß der Seidenwurm immer fortfahre zu spinnen, auch wenn die Menschen keine seidenen Gewebe mehr haben wollen. Solange der Mensch sich als vornehmlich geistiges Wesen versteht, ist er als solches auch geschichtliches Wesen. Nur das geistlose Sein hat keine Geschichte. Die Tendenzen unserer Gegenwart laufen jedoch auf ein epochales Finale zu, das nur mit den großen Niedergängen der Weltgeschichte verglichen werden kann. Die Gesetze des Massendaseins und der Massendiktatur bringen die Abrißmakler ins Geschäft, die historische Werte nur nach den Kurszetteln der Tagesmeinung beurteilen. Die geistesgeschichtliche Erkenntnismethode, weil zu differenziert, verwandelt sich zur Kybernetik, und der Computer ersetzt das kritische Räsonnement durch die technische Fabrikation fertiger »Wahrheiten«.

Diese Entwicklung hat eine lange Vorgeschichte, die hier nicht zu erzählen ist. Die Wurzeln der Unruhe lagen tief unter der Oberfläche. Man braucht nur an das Wetterleuchten zu denken, das schon um die Jahrhundertwende von Namen wie Marx, Darwin, Nietzsche, Tolstoi, Dostojewski, Richard Wagner, Sigmund Freud – um nur etliche zu nennen – ausgegangen war, um zu ermessen, was im Erdreich der Kultur an explosiven Kräften lagerte. Nur wenige haben das leise Beben und dumpfe Grollen vernommen, während die bürgerliche Vorkriegsgesellschaft noch meinte, kurz vor dem Gipfel eines für immer gesicherten Daseins angelangt zu sein. Die

Katastrophe des 1. Weltkrieges hat diesem Glauben einen gewaltigen Stoß versetzt. Die Risse im geistigen Fundament des alten Europa wurden freilich auch damals nur von wenigen wahrgenommen. Es bedurfte erst der furchtbaren Katastrophe des 2. Weltkrieges, um zu erkennen, was unwiederbringlich dahin war. Heute umzittern die revolutionären Schläge, die 1917 einsetzten, den ganzen Erdball. Die ganze Welt ist in eine aktive Hektik hineingerissen und treibt in wachsender Unruhe unbekannten Zielen zu. Was ist diesen Menschen noch die Geschichte? Nichts als Hekuba, die ihr beträntes Schicksal in dumpfer Vergessenheit versenkt. Aber wer heute glaubt, mit der Geschichte fertig zu sein, solle zusehen, daß die Geschichte nicht mit ihm fertig wird.

*

Die Kirchengeschichte als fast zweitausend Jahre alter Bestandteil der Weltgeschichte hat in diesem Sturz der Werttafeln ihr besonderes Schicksal gehabt, vornehmlich in Deutschland. Im Zuge der allgemeinen Ächtung der Geschichte durchlebte auch sie eine dürre Zeit. Als nach dem 1. Weltkrieg unter viel Aufbietung von Nietzsche und Kierkegaard das Kesseltreiben gegen den »Historismus« einsetzte und die Dogmatik einer Schönwetterperiode entgegenging, verdunkelte sich der Himmel über der Kirchengeschichte. Sie, die in den Glanzzeiten der historischen Bildung den wissenschaftlichen Charakter der Theologie am überzeugendsten repräsentiert hatte, sank im Kosmos der theologischen Disziplinen rasch zu einer »Hilfswissenschaft« herab. Der Kampf gegen den Liberalismus und sein Wissenschaftsdenken wurde begleitet von der Hinkehr zum Absoluten, Normativen und Dogmatischen. Nicht mehr das heraklitische »Alles fließt«, sondern das archimedische »Gib mir, wo ich stehe« wurde die Losung. Manchem Kirchenhistoriker, der sich an den neuen autoritären Sprachstil der nun herrschenden Richtung nicht gewöhnen konnte, erging es wie dem Turnlehrer an einem humanistischen Gymnasium: er gehörte nominell zum Lehrkörper, vertrat aber nur ein Nebenfach. Denn das Historische wurde erstickt von dem, was »legitim theologisch« war. Die großen Zeitalter des Geistes, auf denen die moderne Wissenschaft beruht, Aufklärung und 19. Jahrhundert, waren in den Augen der Wortführer der theologischen Aufrüstung Sumpfgebiete, über die eine Quarantäne verhängt wurde. Gültig allein war das Hochgebirge der Reformation, das man freilich nur zu sehen bekam, wenn man die historischen Talsohlen umging. Es war eine wildverwegene Zeit, in der rhetorische Bilderstürmer, oft nur in theologischen Negligés, ihre Luftsprünge vollführten. Es war eine Lust zu leben. In der Retorte theologischer Abstraktionen meinte man auch »die« Kirche zu Gesicht zu bekommen. Die Ekklesiologie wurde zur Sphinx. Sie sollte den bisher mit den empirischen Kirchen beschäftigten Historiker ermuntern, *die* Kirche mit *den* Kirchen »theologisch« zu koordinieren. Die Debatten hierüber wurden geradezu Trapezakte mit allen Figuren metahistorischer Saltos. Das Ergebnis: die Kirchengeschichte wurde blaß, die Probleme blieben. »Das Problem die Kirche und die Kirchen ist systematisch noch nicht bezwungen . . . das ehrliche Eingeständnis dieser Aporie ist deshalb die einzige Möglichkeit, die bleibt«, schrieb kürzlich resignierend ein Theologe.

Auch die Theologiegeschichte ist ein Teil der allgemeinen Geschichte, und als Wissenschaft lebt sie nicht ohne einen ständigen Dialog mit der Geschichte ihrer Zeit. Heute stehen die Fragen der praktischen Gestaltung kirchlicher Existenz im Vordergrund, das Verhältnis von Kirche und Gesellschaft. Ohne eine neue Wendung zur Kirchengeschichte wird das kaum abgehen. Ein glattes Zurück zu der Epoche, in der die wissenschaftliche Historie im Zenit ihres Ruhmes stand, ist nicht möglich. Aber die Kirchengeschichte ist auch keine Hilfswissenschaft. Sie ist ein unerläßliches Korrektiv der Theologie, eine Mahnung: bleibt der Erde treu, auf der Kirche als Frucht der evangelischen Botschaft allein geschieht. In der Vollendung der Zeiten wird es weder Geschichte noch Theologie geben. Ob uns noch eine neue Blütezeit kirchengeschichtlicher Erkenntnis geschenkt wird, steht dahin. Aber wie auch immer es darum stehen mag, der Kirchengeschichtsschreiber wird folgende Grundsätze beachten müssen: 1. Der Historiker hat es nur mit dieser sichtbaren Welt zu tun; für den Kirchenhistoriker bedeutet das, sein Blick ist allein auf die empirischen Kirchen gerichtet. Die Behauptung, daß die Kirchengeschichte etwas anderes sei als die sog. »Profan«geschichte, ist klerikale Anmaßung. Für das evangelische Verständnis gibt es nur eine unteilbare Welt, und sie ist »profan«. 2. »Die« Kirche, die Gemeinschaft der Heiligen, ist nicht Gegenstand der historischen Forschung. Zu ihr kann man sich »nur« bekennen. Sollte der Historiker so ein bekennender Christ sein, so wird er sich hüten, sein Bekenntnis zu der *einen* Kirche Jesu Christi mit seinen wissenschaftlichen Erkenntnismöglichkeiten zu identifizieren. Er wird freilich wissen, daß seine wissenschaftliche Forschung ein Arbeiten *an der Grenze* ist, und etwas von dieser Grenzsituation wird als verborgenes Credo auch seine Darstellungsweise überglänzen. 3. Damit ist angedeutet, wieviel auch auf die Person des Historikers ankommt. Der asketische Enthusiasmus des Forschers, »sein Selbst gleichsam auszulöschen«, um nur die Dinge an sich reden zu lassen, bleibt ein Ideal. Alle Objektivität hat ihren geheimen Reiz durch ihre Verschmelzung mit der gezügelten Individualität dessen, der sie zum Sprechen bringt. Darum muß aber auch die Kirchengeschichte immer wieder umgeschrieben werden.

*

Mit dem hier vorliegenden Buch beginnt eine fünfbändige Kirchengeschichte. Sie ist vornehmlich für den theologisch nicht gebildeten Leser gedacht. Darum ist alles fortgelassen, was in größeren Darstellungen und Lehrbüchern nicht fehlen dürfte. Auch von gelehrten Anmerkungen und Literaturangaben ist abgesehen worden. Wer mehr wissen will, findet gewiß ohne Mühe den Zugang zu weiterführenden Büchern. Dafür ist der Zusammenhang mit der allgemeinen Geschichte stärker unterstrichen worden. Kirchengeschichte soll hier *erzählt* werden. Wenn dadurch beim Leser die Freude an der Kirchengeschichte, vielleicht an der Geschichte überhaupt, erwacht, ist der Zweck erfüllt.

Herrschaft im Übergang

Von Cäsar zum Cäsarismus

Am 15. März 44 v. Chr. wurde Julius Cäsar ermordet. Mit der Beseitigung des Diktators sollten die von ihm mißachteten republikanischen Freiheiten wiederhergestellt werden. Aber die Geschichte läßt sich nicht zurückdrehen. Cäsar hatte ein Tor zur Vergangenheit zugeschlagen. Es wieder zu öffnen war unmöglich.

Die Römische Republik befand sich seit langem in einer schleichenden Krise. Die Kriege der vergangenen drei Jahrhunderte hatten Rom zur Weltmacht erhoben, aber auch eine Umwandlung der politisch-sozialen Verhältnisse zur Folge gehabt. Der wachsende Reichtum, an dem nur ein Teil der Bevölkerung Anteil hatte, wirkte sich negativ aus. Die alte Regierungsschicht zeigte Keime des Verfalls und besaß nur Interesse an der Sicherung des persönlichen Glücks. In den politischen Angelegenheiten ließ man das Schiff vom Winde treiben. Tonangebend wurde die neue Klasse der Geldaristokratie. Reich und arm wurden zu unüberbrückbaren Gegensätzen. Ausbeutung der Schwächeren, etwa durch skrupellosen Landankauf, führte schrittweise zur Vernichtung des bisher tragenden Bauernstandes. Die Massen der Arbeitslosen strömten in die Stadt und verlangten Brot, in den Provinzen kam es zu Revolten, die oft Bürgerkriegscharakter annahmen. Alle Reformversuche und Restaurationen scheiterten an der schamlosen Lobby der Finanzspekulanten, die auch das politische Geschäft durch Stimmenankauf betrieben. Rom wurde zu einem Eldorado von Abenteurern, Schwarzhändlern, Bordellbesitzern und Hochstaplern. Aus diesem Sumpf kam auch der junge Cäsar. Er war ein Kind dieser sinkenden Zeit. Aber er war ein politisches Genie. Bald erkannte er, daß Rom nicht durch eine künstliche Verlängerung der morsch gewordenen Tradition zu retten war. So wurde es sein Ziel, die Machtbasis für eine staatsmännische Führerpersönlichkeit zu schaffen, die den Neubau einer anderen politischen Ordnung in Angriff nehmen könnte.

Nach einem glänzenden Eroberungszug in Gallien hatte Cäsar die alten Verfassungsinstitutionen nicht beseitigt, aber entmachtet, wie er auch alle Widersacher beseitigte, um zur Alleinherrschaft zu gelangen. Er hatte vor allem die furchtbare Zeit der Bürgerkriege beendet, die Arbeitslosigkeit überwunden, indem er für »Vollbeschäftigung« sorgte und dem ganzen Volk Frieden und Sicherheit

gab. Seine Hausmacht waren die Soldaten, die zu ihm wie zu einem Vater aufblickten. Durch Landzuteilung in den Provinzen belohnte er ihre Treue. Sein letzter Plan, die Parther im Osten zu vernichten, sollte die Abrundung der Grenzen des Imperiums bringen. Die absolute Monarchie war sein Ziel. Das führte zur Verschwörung. Man wußte, daß er mit dem in Rom verhaßten Königstitel liebäugelte, und es gab Gerüchte, daß er nach dem Sieg im Osten den Schwerpunkt der künftigen Politik nach Alexandria verlagern werde. Für seine Gegner war diese kühne Konzeption das Signal, ihn gewaltsam zu beseitigen.
Aber die Mörder verstanden den Schritt der Zeit nicht. Dem Volk war die ihm von Cäsar gewährleistete Existenzsicherheit wichtiger als der wenig greifbare Luxus republikanischer Freiheitsideale. Die notgedrungene Verständigung mit Marc Anton, der vorgab, Cäsars Testament zu betreuen, führte zu neuen schweren Kämpfen. Im Grunde wollte jeder den Hebel der Macht in die eigenen Hände bekommen. Keinem von ihnen gelang das. Alle verloren in diesem verbissenen Ringen ihr Leben. Sieger wurde Gaius Octavian, Großneffe und Adoptivsohn Cäsars, der als dessen Privaterbe auch Anspruch auf die politische Nachfolge erhob. Dreizehn Jahre dauerte der harte und wechselvolle Kampf, bis Octavian nach der Schlacht bei Actium (31 v. Chr.) am Ziel war. Er hatte nichts überstürzt, sondern gezeigt, daß er warten konnte.
Julius Cäsar hatte die Ahnenreihe seiner Familie sinnig auf die Göttin Venus zurückgeführt. Der Adoptivsohn versetzte ihn daher unter die Götter und bekundete damit auch seine eigene göttliche Herkunft. Der von ihm angenommene Familienname wurde zum Herrschaftstitel aller seiner Nachfolger. Princeps war nur eine formale amtliche Bezeichnung. Der Senat dankte dem »Vater des Vaterlandes« durch die Verleihung eines sakralen Würdenamens: Augustus (= der Erhabene). Es war der Anfang des aus dem Osten stammenden Kaiserkults. Als Kaiser Augustus (27 v. Chr. bis 14 n. Chr.) ist Octavian in die Geschichte eingegangen.

Kultur und Gesellschaft

Augustus war nicht so genial wie Cäsar, aber klüger. Ein Staatsmann von kalter Berechnung, war der Kompromiß seine Stärke. Das nach so viel Blutvergießen und Zerstörung entnervte Volk empfand nur die Segnungen seines Regiments: Friede und Sicherheit. Man sprach von einem »goldenen Zeitalter«. Der Triumph des lateinischen Genius, der wie ein unverwelklicher Lorbeer das

Augusteische Imperium zierte, ist von der Nachwelt immer wieder gepriesen worden. Aber dieses »goldene Zeitalter« ist weder mit dem des Perikles in Athen noch mit dem der italienischen Renaissance zu vergleichen. Bei allem äußerlichen Glanz und Machtgefühl fehlte ihm die eigentlich schöpferische Kraft. »Die Welt ist alt geworden. Sie steht nicht mehr in der Fülle ihrer Kraft, nicht mehr in der Frische, die sie ehedem auszeichnete«, heißt es in einer zeitgenössischen Quelle. Und der Historiker Livius schrieb in der Vorrede zu seinem Geschichtswerk: »Rom ist so groß geworden, daß es an dieser Größe schon leidet. Verzehren sich die Kräfte des so lange vorherrschenden Volkes doch schon von selbst.« Der »lateinische Genius», dem die Dichter der Zeit huldigten, war ein Kind des griechischen Geistes. Seine Bindekraft erwies sich auf allen Gebieten des kulturellen Lebens. Politisch hatte Rom Griechenland besiegt; geistig hat der Besiegte sich dem Sieger unterworfen. Dieses Griechentum hatte seit den Tagen Alexanders selber eine tiefgreifende Umwandlung durchgemacht. Der aristokratische Glanz, den einst Philosophie und Dichtung ausstrahlten, besaß nicht mehr die ursprüngliche Leuchtkraft. Philosophie wurde wesentlich praktische Ethik und kosmopolitische Soziallehre. Aber der Hellenismus hat die Schöpfungen der klassischen Zeit in neue Formen gegossen und so das Erbe der Antike zum Gemeinbesitz der europäischen Völker werden lassen. So wie er damals auch das Römische Reich durchdrang, trug er alle Züge einer Spätzeit. Er war eine städtische und weltbürgerliche Kultur. Inwieweit der einzelne Römer sich dieser Beeinflussung bewußt war, ist schwer zu sagen. Wahrscheinlich hat er sie so unbewußt hingenommen wie die heute europäische Menschheit den »Amerikanismus«, der auch, als wesentlich technische und materielle Weltkultur, ihr Leben formt. Wesentlich von einer materiellen, alle höheren Werte nivellierenden Diesseitsgesinnung war auch die Weltanschauung der durch einen trostlosen Luxus gekennzeichneten Oberschichten. Das zeigte sich besonders auf dem Gebiete der Religion und der allgemeinen Sittlichkeit. Religion war bei den Römern keine Sache persönlicher Überzeugungen, sondern Staatsbürgerpflicht, die man durch das Opfer im Tempel erfüllte. Mit »Glauben« hatte das nichts zu tun. Solange die Götter nach der Staatsauffassung der Römer noch zum politischen ordo gehörten, deren Gunst man sich nicht verscherzen dürfe, mochte die kultische Opfertat sinnvoll sein. Aber als aus der allgemeinen politischen Entwicklung Skepsis und Agnostizismus den staatlichen Religionskult für nutzlos hielten, weil die Götter sich doch nicht um die Welt kümmern, wurden die Tempel zusehends leer. Der konservative Pedant Augustus

verfiel dem Irrtum, er könne die ehrwürdige Tradition der Väter durch eine »von oben« angeordnete Erneuerung der Staatsreligion wieder zu Ansehen bringen, um dadurch auch die ethischen Fundamente der Gesellschaft zu befestigen. So wurden die zerfallenen Tempel wiederhergestellt und Priester für die regelmäßige Ausübung des Kultes eingesetzt. Aber man kann eine verlorengegangene Religion nicht durch politische Verordnungen wiederbeleben, schon gar nicht, wenn die dirigierenden Oberschichten es mehr mit dem Lächeln der Auguren hielten. So blieb die Religionspolitik des Kaisers letztlich erfolglos. Nicht viel anders stand es mit seinen Bemühungen, durch Ehegesetze reformierend auf die allgemeine Moral einzuwirken. Auch hier war das Grundübel, daß es gerade die oberen Klassen, nicht zuletzt der Kaiser selber, an einer beispielhaften Ehemoral fehlen ließen. Die strengen Gesetze, die für alle Bürger die Eheschließung zur Pflicht machten und Unverheiratete und kinderlose Ehepaare im öffentlichen Recht zurücksetzten, stießen auf heftigen Widerstand. Strafen und lockende Vorteile für brave Gesetzeserfüller konnten die Entwicklung nicht aufhalten.
Die römische Monarchie war ein Klassenstaat. Das Geld war Regulator, den sozialen Rang bestimmte der wirtschaftliche Erfolg. Der Finanzadel erfuhr die volle Protektion des Kaisers, der selber der größte Grundbesitzer des Reiches war. Rom und Italien waren von direkten Steuern befreit. Um so rücksichtsloser wurden die Provinzen ausgebeutet. Der Staat hatte Steuern und öffentliche Arbeiten an reiche Unternehmer verpachtet und damit der Privatspekulation die Tore geöffnet. Das zeigte sich besonders in der Kreditwirtschaft, die Wucherzinsen z.T. bis zu 60% bei monatlicher Aufrechnung berechnete. Die Bodenspekulation stieg ins Maßlose. Der schamlose Raubzug der Kapitalisten zeigte sich im Erwerb riesiger Latifundien zu Unterpreisen und Aufsaugung der Bodenrente, wodurch schrittweise der bäuerliche Klein- und Mittelbesitz verlorenging. Dazu kam in den Städten der Baustellenwucher und die Mietzinstyrannei. Manche Geldspekulanten hatten ganze Wohnblocks an sich gerissen. Sie selber lebten in prunkvollen Luxusvillen, während die in ihren Mietshäusern in kümmerlichen Wohnungen zusammengepferchten Armen Mühe hatten, die ständig steigenden Mieten zu zahlen.
Man muß diesen sozialen Hintergrund im Blick haben, wenn man die Ausmaße und Erfolge der Wirtschaft bewundert. Zum ersten Mal in der Geschichte waren die Länder des Imperiums ein geschlossener Wirtschafts- und Verkehrsraum. Handel und Industrie hatten eine Blütezeit. Der Kaiser und seine Günstlinge waren die Nutznießer der Vermögensanhäufungen.

Zu der ökonomischen Struktur des antiken Kultur- und Wirtschaftslebens gehörte die *Sklaverei.* Ohne sie wäre der ungeheure Aufschwung von Handel und Gewerbe nicht möglich gewesen. Die kriegerische Eroberungspolitik brachte ganze Sklavenherden auf den römischen Markt. Der steigende Bedarf nach diesen billigen Arbeitskräften führte bald zu einem schwungvollen Menschenhandel. Es kam zu förmlichen Beutezügen und Züchtungen von geschlossenen Sklavenfamilien in Kasernen. Der Sklave war rechtlos und nur eine Ware, die ihren Taxwert hatte. Mit dem Ende der offensiven Kriegspolitik trat ein spürbarer Mangel an diesem Beutegut ein. Die Sklaven wurden wertvoller, die Herren waren an einer guten Behandlung besonders talentierter Sklaven samt ihren Familien interessiert. Seit Augustus war die Regierung bemüht, durch entsprechende Gesetze die Freilassung bewährter Sklaven auf Antrag zu genehmigen. Das waren Alarmzeichen für die Zukunft. Im Prinzip hat die Sklaverei bis zum Ausgang der Antike fortbestanden.

Das Heilige Land

Syrien war eine der am meisten ausgeplünderten Provinzen. Als ein Teilgebiet besonderer Prägung gehörte dazu das Land Judäa. Seine Bewohner waren Juden, ein Rest des einstigen Volkes Israel. Dreimal waren die Stürme der Weltgeschichte über das alte Bundesvolk hinweggerast. Zuerst 722 v. Chr., als der assyrische König Sargon die zehn Stämme des Nordreichs deportierte; dann 587 v. Chr., als Judäa mit Jerusalem erobert und eine große Zahl seiner Einwohner nach Babylon entführt wurde. Seitdem gab es eine jüdische Diaspora. Unter dem Eroberer Babylons, König Kyros von Persien, konnte 538 v. Chr. ein Teil der Gefangenen nach Jerusalem zurückkehren und mit persischer Hilfe den Tempel wieder aufbauen. Dann kam der dritte Sturm, als Alexander Persien mit seinen Nebenländern eroberte. Judäa kam unter griechische Herrschaft. Trotz des kriegerischen Aufstandes des national gesinnten Hauses der Makkabäer geriet das Land immer mehr unter hellenistische Einflüsse, die zu gefährlichen Krisen führten. Die Scheußlichkeiten der bald innerhalb der Dynastie des Hasmonäer, einem Seitentrieb der Makkabäer, ausbrechenden Kämpfe verwikkelten das jüdische Volk in die Politik Roms. Im Schatten von dessen Orientpolitik gelangte das skrupellose Geschlecht der Herodianer an die Macht. Im Jahre 37 v. Chr. bestieg der geschmeidige, staatsmännisch nicht unfähige Herodes den Thron in Jerusalem. Herodes der Große (37–4 v. Chr.) hatte es früh verstanden, sich mit den neuen römischen Herren gutzustellen. Die jüdische Religion wurde offiziell anerkannt. Herodes leistete dafür in Rom den Huldigungseid. Mehrmals mußte er die Partei wechseln. Zuerst hatte er Pompeius seine Ergebenheit erwiesen. Nach dessen Niederlage bei Pharsalus (48 v. Chr.) schwenkte er ins Lager Cäsars über. Nach dessen Ermordung wurde zunächst einer der Mörder, Crassus, sein Protektor. Als dieser jedoch durch Selbstmord endete, jonglierte er zunächst zwischen Marc Anton und Octavian. Während dieser Zeit beschritt er zu Hause die Blutbahn: Das ohnmächtige Haus der Hasmonäer wurde ausgerottet, begleitet von Untaten in der eigenen Familie. Als Octavian Alleinherrscher geworden war, feierte er überschwenglich dessen Sieg. Durch Senatsbeschluß erhielt er für Judäa die Königswürde.

Jerusalem war längst nicht mehr das Zion Gottes. Das religiöse Leben war in Parteien zerspalten. Die älteste Gruppe waren die Pharisäer (= Abgesonderte), die eine Reformbewegung darstellten, der es um die schriftgemäße Erfüllung des Gesetzes ging, d. h. um religiöse Entschiedenheit in Wort und Tat. Ihr Einfluß auf das Volk war nicht gering. Neben ihnen standen die Sadduzäer, so genannt nach einem Priester Zadoq (2. Sam. 20,25). Im Gegensatz zu der meist von »Laien« getragenen Volksbewegung der Pharisäer waren sie eine von den oberen Bildungsschichten gebildete Kaste, die den Priesteradel stellte. Streng an Tempel und Tempeldienst gebunden, vertraten sie die Tradition, wenn auch mehr in einer »modern«-positiven Denkart. Von den Pharisäern hatte sich einst eine Gruppe »Frommer« getrennt. Diese Gruppe, Essener genannt, ist neuerdings durch Schriftrollen, die man in den Höhlen von Qumran (am Toten Meer) aufgefunden hat, näher bekannt geworden. Die Entzifferung der Qumran-Texte ist noch nicht abgeschlossen. Bei den Essenern handelt es sich um einen halbmönchischen Orden »bündischen« Charakters. Seine Mitglieder lebten in geschlossenen Siedlungen in Gütergemeinschaft und Ehelosigkeit. Daß Jesus und etliche seiner Jünger zu den Essenern gehörten, war eine vorschnelle Annahme. Es gibt hierfür keine sicheren Anhaltspunkte. Auch der historisch schwer zu fassende Johannes der Täufer war kein Essener.

Schließlich ist noch eine national-religiöse Gruppe zu nennen: die Zeloten (= Eiferer). Ihr Ziel war die politische Befreiung des jüdischen Landes von der Fremdherrschaft. Zu ihnen gehörten einige Jünger Jesu. In der Liste des Lukasevangeliums (6,15) wird ausdrücklich ein Simon so bezeichnet. Auch Judas dürfte zu ihnen gehört haben, ferner die »Donnersöhne« des Zebedäus, Jakobus und Johannes, vielleicht auch der berühmte Simon Petrus. Die Vermutung, daß auch Jesus von seinen Gegnern des Zelotismus verdächtigt und angeklagt wurde und deshalb den nur für politische Verbrechen vorgesehenen Tod am Kreuz erleiden mußte, ist durchaus berechtigt. Herodes ist im Jahre 4 v. Chr. gestorben. Nach seinem Tode wurde sein Land, mit Genehmigung des Kaisers, unter drei Söhnen im Erbgang aufgeteilt. Kurz vor dem Regierungswechsel wurde Jesus geboren.

Erfüllte Zeit

Der Sohn

»Da aber die Zeit erfüllt war, sandte Gott seinen Sohn . . .« So ist es bei Paulus zu lesen (Gal. 4,4). Wie Paulus zu dem Urteil kommt, daß gerade mit Jesu Auftreten »die Zeit erfüllt war«, kann der Historiker nicht beantworten. Es ist eine Glaubensaussage, die in der zeitgenössischen Literatur keinen Widerhall findet. Ebenso verhält es sich mit der Sendung des »Sohnes«. Was sich bei nichtchristlichen Autoren an spärlichen Hinweisen »auf den Namen eines Christus« findet (etwa bei Tacitus, Sueton, Plinius), ist nicht das Ergebnis originaler Quellenforschung, es handelt sich vielmehr um die Wiedergabe von Aussagen der Christen. Auch eine ausführlichere Notiz, die sich in den »Jüdischen Altertümern« des jüdischen Historikers Josephus findet und die lange Zeit als ein Beweisstück außerchristlicher Überlieferung galt, hat sich längst als eine Fälschung erwiesen. Es handelt sich zweifellos um den späteren Einschub eines Christen.
Wer von Jesus etwas wissen will, ist allein auf die neutestamentliche Literatur, insbesondere auf die Evangelien angewiesen. Aber was sie vom Leben Jesu berichten, ist bereits Ergebnis einer Interpretation. Keiner der Verfasser wollte Geschichte in dem uns geläufigen Sinne schreiben. Damit werden diese Erzählungen nicht bedeutungslos. Sie bewegen sich nur in einer anderen Dimension: sie sind Verkündigung, Bekenntnis, Glaubenszeugnis. Darin besteht ihre Einzigartigkeit. Die formgeschichtliche Forschung, die der Vielschichtigkeit der Überlieferungsgesetze dieser Texte nach-

ging, hat gezeigt, wie die Evangelien sich in ihrer traditionsgeschichtlichen Eigenart von allen Arten und Gattungen antiker Geschichtsschreibung und Literatur unterscheiden. Die gelehrte Arbeit am Neuen Testament wird daher auch immer darauf bedacht sein, daß die Texte nicht unter den Händen der Wissenschaft verstummen und ihren Zeugnischarakter verlieren. Wenn die Evangelien kein eindeutiges Bild von dem »historischen« Jesus bieten, so kennt man doch seine Botschaft, aus der Christentum und Kirche erwachsen sind.

Das Kernstück der Lehre Jesu war die Botschaft vom Reiche Gottes, das mit Jesu Kommen angebrochen ist und mit seiner Wiederkunft vollendet werden wird. Diese Botschaft ist keine abstrakte Weisheit, sondern ein *Geschehnis,* das freilich nur in einem Dialog mit seinem Verkündiger erfaßt werden kann. Der Glaube an Jesus, ein Gnadengeschenk, das dem zuteil wird, den die Wahrheit frei gemacht hat, war eine dynamische Hoffnung: die vollkommene Gottesherrschaft werde als Gericht und Erlösung einen neuen Himmel und eine neue Erde schaffen. Dieser eschatologische Aspekt besaß seine Aktualität in der Überzeugung, daß der von seinen Widersachern ans Kreuz Geschlagene vom Tode auferstanden und gen Himmel gefahren sei und in der vollen Würde des Menschensohnes vom Thron des Vaters herniederfahren und sein Reich endgültig aufrichten werde. Für die Urgemeinde in Jerusalem war es selbstverständlich, daß der erhöhte Messias sich in Jerusalem offenbaren werde: Wo er den Tod erlitten hatte, sollte auch seine Herrlichkeit sichtbar werden. Diese judenchristliche Urgemeinde stand mit ihrem Glauben in der Tradition der jüdischen Prophetie, die mit Jesus ihre Erfüllung gefunden hatte.

Die Predigt Jesu hatte sich wesentlich an die Kleinen und Gedrückten gewandt, den Reichtum verdammt, den Priesteradel und die gebildete Theologenwelt als blinde Blindenführer verurteilt. Der erwartete Anbruch der neuen Zeit würde also auch einen großen sozialen Umbruch mit sich bringen, und die jetzt lebende Generation würde diese Weltverwandlung noch erleben. So stand man der jetzt noch geltenden Rangordnung der Werte mit Gleichmut gegenüber. Der so viel diskutierte »Liebeskommunismus« der Urgemeinde (Apg. 2,44; 4,32) war keine karitative Armenfürsorge, vielmehr vorausweisendes Zeichen für das künftige Leben in der Welt des Christus. Obwohl sich die ersten Christen vorwiegend aus Armen und sozial Niedrigstehenden, in den späteren heidenchristlichen Gemeinden aus Sklaven rekrutierten, wird man von einer christlich-proletarischen Bewegung nicht sprechen können. Grundsätzlich galt, daß die Botschaft vom kommenden Weltfheiland für alle Menschen ohne Unterschied bestimmt war; für Römer und Barbaren, für Juden und Hellenen, für Freie und für Sklaven, für Mann und Frau.

Von Jerusalem nach Rom

Der Mann, der die Botschaft Jesu über das palästinensische Judentum in die hellenistisch-römische Welt hinaustrug, war *Paulus*. Er war ein Mann der missionarischen Praxis, zugleich ein Theologe ersten Ranges. Unter den Aposteln ist er vielleicht der einzige gewesen, der die Botschaft Jesu am tiefsten verstanden, sie jedenfalls am konsequentesten zur gültigen Lehre erhoben hat.
Paulus war ein Diasporajude aus Tarsus, stammte aus einer wohlhabenden Familie, die der Partei der Pharisäer angehörte und das römische Bürgerrecht besaß. Das Geburtsjahr ist unbekannt, es dürfte zu Beginn unserer Zeitrechnung gelegen haben. In Jerusalem hatte er bei dem berühmten Thoralehrer *Gamaliel* studiert, um Rabbiner zu werden. Da dieser Beruf damals keine hinreichende Existenzsicherheit bot, erlernte er noch das Handwerk eines Zeltmachers. Die Treue zur Gesetzesreligion bestimmte seine Lebensführung. Bei der nach dem Tode des Stephanus (Apg. 7,54–60) einsetzenden Verfolgung der jungen judenchristlichen Gemeinde wurde er mit dem besonderen Auftrag versehen, die noch im alten Glauben lebenden Juden vor der Ansteckung mit dem christlichen Glauben zu warnen und in der Abwehr zu festigen. Auf dieser Propagandareise trat vor Damaskus die große Wende ein. Was er hier erfuhr, war die Erkenntnis: Christus ist des Gesetzes Ende. Das war jedenfalls der Kern seiner Bekehrung. Sein neuer Lebensberuf brachte ihn allerdings nicht nur in einen tödlichen Gegensatz zu seinen bisherigen Glaubensgenossen, sondern zugleich in einen ernsten Konflikt mit den führenden Sprechern der Urgemeinde. Aber soviel immer er von Juden und Judenchristen erleiden mußte, er wurde doch nicht verbittert. Denn so schrieb er nach Rom: »In diesem allem sind wir sieghafte Überwinder durch den, der uns geliebt hat. Ich bin überzeugt, daß weder Tod noch Leben, weder Engel noch dunkle Mächte, weder Gegenwärtiges noch Zukünftiges, weder Hohes noch Tiefes uns wird scheiden können von der Liebe Gottes, die in Christus Jesus, unserem Herrn ist« (Röm. 8,37ff.). Der Hintergrund dieser missionarischen Tätigkeit war ernst. Der Gemeinde in Korinth schrieb er: »Wir sind der Welt zum Schauspiel geworden ... Wir sind Narren um Christi willen ... Bis auf diese Stunde leiden wir Hunger und Durst und sind

nackt und werden mit Fäusten geschlagen, haben keine bestimmte Wohnung und mühen uns ab, mit unseren eigenen Händen arbeitend ... Kehricht der Welt sind wir geworden« (1. Kor. 4,9ff.). Das war keine Übertreibung. Das Leben dieses ersten Theologen der jungen Christenheit endete nicht in einem wohlverdienten Ruhestand, sondern im Dunkel eines Martyriums.

Die Bedeutung des Paulus für die Entwicklung des christlichen Glaubens in der nichtjüdischen Welt liegt in zwei theologischen Erkenntnissen: 1. Die Aufhebung der Gesetzesreligion; 2. Das neue Verständnis der Eschatologie.

Nach der Auffassung der Jerusalemer Urgemeinde, die sich als die legitime Fortsetzung des wahren Israel verstand, mußten auch die Heidenchristen in den großen heilsgeschichtlichen Zusammenhang eingefügt werden, d.h. primär: sie mußten sich neben der Taufe auch dem Gesetz der Beschneidung unterwerfen, dazu die bekannten Reinigungsvorschriften befolgen. Denn es konnte nicht zwei Wege christlicher Ordnung geben. Alle Gemeinden waren letztlich Filialen der Jerusalemer Zentrale. Dagegen hatte sich schon Widerspruch bei den hellenistischen Judenchristen erhoben. In Antiochien, das eine starke, aus hellenistischen Juden und Heiden zusammengesetzte christliche Gemeinde besaß, war der Widerstand gegen die Jerusalemer Traditionalisten besonders heftig, so daß diese einem aus Cypern stammenden Leviten namens Barnabas zu dem Unruheherd schickten, der den Paulus als Begleitung mitnahm. Sie konnten nur feststellen, daß man dort energisch nach einem Abbau der Aufnahmevorschriften für Nichtjuden drängte. Barnabas und Paulus sollten eine klare Entscheidung herbeiführen. Beide reisten zurück. Es wurde eine Konferenz einberufen, die unter dem etwas klingenden Namen »Apostelkonzil« (Apg. 15) in die christliche Frühgeschichte eingegangen ist und um das Jahr 48 stattfand. Die auf ihre Autorität bedachten hohen Vertreter der Urgemeinde beanspruchten, als eine Art »kirchenamtliche« Spruchkammer anerkannt zu werden, was ihnen Paulus heftig bestritt (Gal. 2,1ff.). Mochten jene Urapostel auch ihre hohen Verdienste haben, eine sich darauf gründende *geistliche* Vorrangstellung konnte er ihnen nicht zugestehen. So war die Diskussion heftig. Schließlich lenkten Petrus und der Herrenbruder Jakobus ein. Der Kompromiß, zu dem man sich verstand, war ein Sieg des Paulus. Die Beschneidung, das Grundgesetz des alten Gottesvolkes, das »Siegel der Erwählung«, war für die Heidenchristen gefallen. Bestehen blieben nur einige, auch für nichtjüdische Christen annehmbare Regeln und die Verpflichtung, an »die Heiligen« in Jerusalem regelmäßig eine Kollekte abzuführen. Leider war der

Friede nur von kurzer Dauer. Als Petrus einige Zeit später auf einer Inspektionsreise nach Antiochien kam, traf er mit anderen jüdischen Boten zusammen, die sich weigerten, mit den Antiochenern gemeinsam das Herrenmahl einzunehmen. Petrus trat auf ihre Seite. Ein Abendmahlsstreit schien auszubrechen. Was war geschehen?

In einem Schlußkommuniqué nach der Jerusalemer Tagung, das erst nach der Abreise des Paulus verfaßt worden war (Apg. 15,23ff.) und als Enzyklika an die Gemeinden in Syrien und Kilikien ging, stand zum Schluß in etwas umständlich formulierten Sätzen, daß die vom Gesetz der Beschneidung befreiten Christen den außerehelichen Geschlechtsverkehr und *den Genuß von Opferfleisch* meiden sollten. Jetzt lehnten die Jerusalemer Sendboten die Tischgemeinschaft mit den Heidenchristen überhaupt ab, indem sie verlangten, daß die Heidenchristen nur koscheres Fleisch essen sollten. Paulus hat sich später den Korinthern gegenüber (1. Kor. 8) zur Frage des Götzenopferfleisches eingehend geäußert. Natürlich waren für ihn die Götter, denen zu Ehren das Fleisch der Tiere geschlachtet wurde, ohne Bedeutung und das Opferfleisch dasselbe wie das gewöhnliche Fleisch. Aber die Freiheit dieser Erkenntnis fand ihre Grenze in der Liebe zu den Schwachen, deren Gewissen noch umschattet war von einer abergläubischen Furcht. Den christlichen Judaisten gegenüber, die das Gesetz durch eine Hintertür wieder zur Geltung bringen wollten, konnte es jedoch keinen Kompromiß geben. Es war nicht Starrsinn, der Paulus leitete. Für ihn war der Glaube an die erlösende und den Sünder rechtfertigende Gnade ein Weltereignis. Am Kreuz Jesu Christi ist *alle* Religion mit ihren Satzungen ad absurdum geführt worden. Der Konflikt mit Petrus und seinen Gesinnungsfreunden ist nie beigelegt worden. Auch Barnabas ist umgefallen und hat Paulus verlassen.

Für Paulus war diese Erfahrung Anlaß, die Botschaft Jesu neu zu durchdenken. Er ist erst jetzt *der* Theologe der Christenheit geworden. Ohne seine religiöse Herkunft zu verleugnen, bezog er aus der Überlieferung des Alten Bundes alles, was als Brücke zum vollen Verständnis des Christusereignisses dienen konnte. Was wie Spekulation aussah, war im Grunde ein Stück ökumenischer Seelsorge. Entscheidend wurde das neue Verständnis der Eschatologie. Paulus war immer ein Mann der Naherwartung der Wiederkunft Christi gewesen und geblieben. Aber die Parusie Christi wurde ihm jetzt »nur« ein Sichtbarwerden des Zustandes, in dem sich der Glaubende bereits befindet. Denn mit der Auferstehung Jesu ist der neue Äon schon angebrochen. Leben wir der Erfahrung nach noch im alten Äon, in dieser Welt, »im Fleisch«, wie Paulus sagt, so doch dem Glauben nach »im Geist«, in der neuen Welt. »Ist jemand *in Christo,* da ist eine neue Schöpfung; das Alte ist vergangen, siehe, es ist alles neu geworden« (2. Kor. 5,17). So wurde Paulus den Griechen der Verkünder von der vollzogenen Erlösung und dem gegenwärtigen Heil. Er hat mit dieser Lehre dem Heidenchristentum, das mit den Traditionen und der Heilsgeschichte des Judentums wenig anzufangen wußte, einen unendlich großen Dienst geleistet. Diese Wende im Verständnis des Evangeliums von Christus als dem Erfüller aller Weissagungen hat der Ausbreitung des Christentums in der hellenistisch-römischen Welt den Boden bereitet.

Der Streit mit der Mutterkirche fand erst ein Ende, als über Judäa die Katastrophe hereinbrach. In Palästina rissen die Unruhen nicht ab. Unter Kaiser Claudius waren die verhaßten römischen Statthalter für kurze Zeit zurückgezogen worden. Nach dem Tode des idumäischen Schattenkönigs Agrippa (Apg. 12,23) kamen sie wieder und führten ein brutales Regiment. Im Untergrund wuchs der Radikalismus, zumal auch die konservative Priesterkaste mit den Besatzern sympathisierte und in ihnen ihre »alliierten Freunde« erblickte. Im Jahre 66 schlugen die »Messermänner«, eine Untergruppe der Zeloten, los. Der Statthalter mußte fliehen und die kleine römische Garnison kapitulieren. Rom holte zum Gegenschlag aus. Unter dem Feldherrn Vespasian rückten 60000 Mann in Palästina ein. Gegenüber den disziplinierten Legionen konnten sich die Freiheitskämpfer nicht halten. Als Vespasian wegen des Thronwechsels nach Rom eilte, übernahm sein Sohn Titus den Oberbefehl. Jerusalem wurde eingeschlossen und regelrecht ausgehungert. Am 10. August 70 fiel es in die Hände der Römer. Brand und Plünderung verwandelten die alte Stadt, die einst im selben Jahr wie Peking (998 v. Chr.) gegründet worden war, in ein Trümmerfeld. Mit den repräsentativen Gebäuden sank auch der Tempel in Schutt und Asche. Schon vor dem Niedergang war die Urgemeinde nach Pella im Ostjordangebiet geflohen. Sie geriet hier in den Wirkungsbereich verschiedener jüdischer Sekten. Es war ein stilles Ausklingen, nachdem die »Säulen«-Apostel schon vorher gestorben waren.

Kirchliche Frühformen

Das Samenkorn

Die rasche Ausbreitung des Christentums ist immer als ein Zeichen der sieghaften Kraft des Evangeliums angesehen worden. Wie im Gleichnis vom Sauerteig, der bald den ganzen Teig durchsäuert, oder vom kleinen, in die Erde gelegten Senfkorn, das zu einem großen Baum heranwächst, schien dieses Geschehen ein göttliches Wunder zu sein. Man mußte freilich auch an das andere Gleichnis erinnern, nach dem mit der guten Saat zugleich das Unkraut üppig emporsprießt, das nach Gottes Willen erst am Tage des Endgerichts ausgerauft und vernichtet werden soll. Aber wie der feurige Klatschmohn, die sanftblaue Kornblume und was sonst an Wildwuchs auf dem Ackerboden blüht, das Auge des Betrachters meist mehr entzückt als die gelbe Getreideähre, so gibt es auch in der Kirchengeschichte eine Reihe von Erscheinungen, die oft mehr Bewunderung gefunden haben als das, was als Frucht des Evangeliums erkannt werden sollte. Der Historiker wird sich hüten, das zu tun, was Jesus seinen Jüngern ausdrücklich nicht erlaubt hat: das Unkraut vom Weizen zu sondern. Wie könnte er auch! Er kann Gott ja nicht über die Schultern gucken. Aber er kann mit kritischer Vorsicht dem nachgehen, was sich im Namen Gottes, ob zu Recht oder zu Unrecht, als Christentum auf dieser Menschenerde ausbreitete, wobei er mit dem eigenen Urteil keineswegs zurückzuhalten braucht.

Denn schon die apostolischen Gemeinden waren keine Idealgebilde, gleichsam Modelle für alles Spätere. Sowenig man von ihrem konkreten Alltagsleben weiß, so zeigen doch die vielen Mahnungen und Klagen der Apostel, daß auch hier das Unkraut inmitten des Weizens wucherte. Sie waren auch nicht durchweg charismatischen Charakters, in ihren Handlungen allein »vom Geist« geführt. Die »Gnadengaben« waren auch nicht ausschließlich Kennzeichen wahren Glaubens. Das Menschliche zerfloß nicht durchweg ins »Pneumatische«. Keine Gemeinde ist in ihrer Struktur so geblieben wie in ihren Anfängen.

Der Eintritt des Christentums in die damalige Welt war kein singulärer Vorgang. Mit ihm sind zahlreiche andere religiöse Kulte aufgetreten, die oft eine fatale Ähnlichkeit mit dem Christentum hatten. Eine Unterwanderung der jungen und keineswegs schon sturmfesten Gemeinden durch diese Kulte ist vielfach erfolgt oder hat zum »Abfall« geführt. So gebot die Situation, daß man zu einer Konzentration und zu einer verbindlichen Ordnung kam. Die Tatsache, daß die Gemeinden schon in ihren Anfängen einzelne Personen mit »Ämtern« (Presbyter, Episkopen, Diakone) betrauten, wovon auch im Neuen Testament berichtet wird, hat nicht nur bei katholischen Theologen die Überzeugung gefestigt, daß die Gemeinden von vornherein die Keime zu einer werdenden »Kirche« in sich trugen. Auf die aus jüdischen Traditionen kommende Urgemeinde in Jerusalem trifft das fraglos zu, während die hellenistischen Gemeinden in ihrer Struktur doch mehr den östlich-griechischen Kultvereinen geähnelt haben. Jene frühen »Ämter« waren noch in keiner Weise institutionell organisiert oder, was den Aufgabenbereich angeht, genau abgegrenzt. Ihre Träger waren auch nicht Beauftragte der Gemeinde, sondern des Herrn, und wurden als solche anerkannt. Angesichts der drohenden Gefahren sollten die Gemeinden jedoch eine Genossenschaft des Kampfes werden, und dazu war besonnene Führung nötig. Nicht durch eine flüssige Lehrentwicklung und nicht durch persönliche Begabungen sollten die Gemeinden getragen werden, sondern durch den konservativen Faktor des Hirtenamtes.

Die Ordnungen

Die Entwicklung des Bischofsamtes zum monarchischen Episkopat hat sich reibungslos vollzogen. Man empfand keinen Bruch mit der Vergangenheit. Aus dem Verständnis des charismatischen Amtes entsprang die Autorität des Bischofs. Er hatte seine Aussagen, Weisungen und Handlungen nicht zu begründen oder gar zur Diskussion zu stellen. In der »Zwölfapostellehre« (der frühesten Kirchenordnung, ca. 110/140) hieß es von den Bischöfen: »Sie tragen unter euch das heilige Amt der Propheten und Lehrer.« Der Episkopat galt als die legitime Fortsetzung des Apostolats. Einer der entschlossensten Vertreter des monarchischen Episkopats, der Bischof *Ignatius* von Antiochien (gest. um 110), forderte, daß jede Gemeinde einen Bischof haben müsse, dem sie unbedingten Gehorsam schuldig sei. »Wer den Bischof ehrt, den wird auch Gott ehren.« Nur die von einem Bischof vollzogene Taufe und das von ihm gespendete Abendmahl seien gültig. Auch die Umrisse einer Hierarchie werden bei Ignatius schon deutlich. Sie besteht aus drei Kreisen: der Bischof ist aus den Presbytern, dem Rat der Ältesten, hervorgegangen, ihnen folgen die Diakone. Mit Recht ist Ignatius als Klassiker der katholischen Lehre von den kirchlichen Ämtern bezeichnet worden. Aber schon der 1. Clemensbrief (ca. 95) ist mit der Entfaltung einer Ordnungslehre vorangegangen. Wenn er mehrmals betont, *»alles* müsse sich nach der Ordnung vollziehen«, so hat er auch die *Laien* nicht vergessen. Sie stehen den offiziellen Amtsträgern gegenüber und werden »durch die Laiengebote in Pflicht gehalten«, die wesentlich Gehorsam und Unterordnung zum Inhalt haben. Diese Unterscheidung hat sich in der Kleruskirche durchgesetzt.

Der Ausweitung der Ämterhierarchie ging parallel die Ordnung des gottesdienstlichen Lebens. Taufe und Abendmahl waren auch in der nachapostolischen Zeit Hauptstücke des christlichen Gottesdienstes. Grundsätzlich war die Taufe der Aufnahmeritus, dem ein entsprechender Unterricht (Katechumenat) voranging. Man war mit Ernst bei der Sache, was nicht ausschloß, daß diese Taufen auch fröhliche Familienfeste waren. Nur Getaufte hatten Zugang zum Abendmahl. Ursprünglich war dieses ein schlichtes Essen und Trinken, ein Erinnerungsmahl an Tod und Auferstehung Jesu, zugleich ein Liebesmahl (Agapen), das der Speisung der Armen galt. Unzuträglichkeiten bei den Feiern veranlaßten jedoch schon Paulus zu der Anordnung, das Abendmahl würdiger zu begehen, indem man es von dem allgemeinen Essen und Trinken trenne. Um die Mitte des 2. Jahrhunderts lagen die Grundformen des Gottesdienstes fest. Dem Wortgottesdienst (Hymnus, Gebet, Schriftlesung, Predigt) folgte die Feier des Abendmahls. Hatte Paulus das Abendmahl noch als Gedächtnismahl verstanden, so entwickelte sich bald eine Art Abendmahlsmystik, indem man die genossenen Elemente als eine »Medizin zur Unsterblichkeit« bezeichnete. Die hellenistischen Motive sind leicht zu erkennen. Bald folgte eine neue Deutung, die in Zusammenhang mit der Erhöhung des Bischofs zum Priester stand. Nur der Priester durfte die *geweihte* Speise reichen, die jedesmal zum Opfer, zur Eucharistie wurde, d. h. zum Dankopfer. Brot und Wein waren Gegenbilder von Leib und Blut Christi. Durch den Genuß der geweihten Elemente wurde die Gemeinde zum Leib Christi. So entstand eine der hellenistischen Kultpraxis nachgebildete Sakramentslehre, wonach Taufe und Abendmahl Zeichen und Verdinglichung der noch ausstehenden, in der Kirche jedoch präsenten Verwirklichung der Gottesherrschaft sind (oder wie Augustin später lehrte: die sichtbare Gestalt unsichtbarer Gnaden).

Das Christentum wurde so nicht nur eine sakrale Priesterkirche, sondern auch zur Buchreligion. »Es steht geschrieben« wurde zum bindenden Leitsatz dessen, was »richtig« ist. Die Schrift als Offenbarungszeugnis sollte zur Grundlage des Glaubens werden. Das erste Offenbarungsbuch, das die Christenheit schon vorfand, war das Alte Testament. Es war ein religionsgeschichtlich denkwürdiger Vorgang, daß die Kirche sich dieses Buch schon vor Entstehung des Neuen Testaments eroberte, indem sie es »den Juden gleichsam unter dem Leibe wegzog«, wie Nietzsche sagte. Denn man behauptete, dieses Buch »enthalte nichts als christliche Lehren und gehöre den Christen als dem wahren Volke Israel«. Es sei daher allein dem christlichen Verständnis zugänglich, weil es in seinem Kern das prophetische Zeugnis vom kommenden Messias enthalte, den die Juden verworfen hätten.

Schwierig war die Sammlung der neutestamentlichen Schriften. Ihr Zusammenschluß zum Kanon war ein langer und komplizierter Prozeß. Gegen Ende des 2. Jahrhunderts waren die Umrisse der gültigen Literatur so weit sichtbar, daß Altes und Neues Testament als »die Heilige Schrift« galten. Dabei wurden auch die dem Kanon nicht angehörenden Schriften, die als »apokryph« bezeichnet wurden, weiterhin benutzt.

Das Kirchenvolk

Bis in die Zeit des Kaisers Marc Aurel (161–180) bestanden die Gemeinden überwiegend aus armen Menschen, zumeist Sklaven. Sie bildeten jedenfalls die tragende Schicht. Grundsätzlich gab es keinen Unterschied der Stände oder Klassen. Wenn man die Haltung der Apostel und des frühen Christentums überhaupt zur Sklaverei verstehen will, muß man zunächst feststellen, daß es eine Sklaven*»frage«* (wie etwa im 19. Jahrhundert eine »Soziale Frage«) nicht gab. Die Sklaverei war für die Menschen der Antike so etwas Unantastbares und für das Wirtschaftsleben Selbstverständliches, daß kaum darüber öffentlich diskutiert wurde. Wenn die Apostel an eine demonstrative Bekämpfung der Sklaverei nicht dachten, so hing das mit ihrer eschatologischen Beurteilung der Geschichte zusammen. Waren sie doch der Überzeugung, daß diese Welt in Kürze ihr Ende findet. »Das Schema (die Struktur) dieser Welt vergeht« (1. Kor. 7,31); »Die Nacht ist weit vorgerückt und der Tag ist nahe« (Röm. 13,12). Beides sind Aussagen des Apostels Paulus. Der bevorstehende Anbruch der Königsherrschaft Christi bedeutete ohnehin eine Umwertung aller Werte. Wenn Paulus sich Knecht (= Sklave) Jesu Christi nannte, so lag in dieser Bezeichnung auch ein zeitkritisches Moment. Denn als Sklave dieses Herrn war er ein freier Mensch. Im Dienste dieses Herrn zu stehen war die Proklamation der Freiheit eines Gebundenen. So konnte Paulus den christlichen Sklavenbesitzer daran erinnern, daß auch er als Christ ein Sklave sei, der seinen Haussklaven als den »geliebten Bruder« zu behandeln habe. Umgekehrt soll auch der christliche Sklave seinem Herrn die Treue halten. – Haben die Christen an der Einrichtung der Sklaverei nichts kritisiert, so durfte der Sklave in ihrer Gemeinschaft sich als ein Freier fühlen, der sogar zum Priester aufsteigen konnte.

Ein Wandel in der Sozialstruktur der Gemeinden trat zwangsläufig mit der Ausbreitung des Christentums ein, als dieses in nahezu alle Schichten der Bevölkerung drang. Gewisse Berufe blieben allerdings weiterhin verboten (z. B. Gladiatoren, Rennwagenführer, Schauspieler, Wahrsager, Sterndeuter, Kuppler u. ä.). Etwas entgegenkommender war man gegenüber den Lehrern, die meist dem Sklavenstande oder dem der Freigelassenen angehörten. Wenn diese, die ihren Schülern auch Unterricht in der antiken Götterlehre geben mußten, ihre Existenznot nachwiesen, war man nicht zu kleinlich. Daß man sich der Aufnahme von Staatsbeamten nicht mehr entgegenstellen konnte, war ein Gebot der Klugheit. Schwieriger war die Stellung zum Beruf des Soldaten. Das frühe Christentum lehnte den Waffendienst ab. Als man auch darin weitherziger wurde, blieb immer noch anstößig der unter Anrufung der Götter zu leistende Eid und die sakrale Verehrung der Feldzeichen. Die Macht des Reiches beruhte jedoch auf dem Heer. Konnte man daran vorbeigehen? Der strengste Vertreter des Antimilitarismus war *Tertullian* (ca. 150/155–ca. 223). Der aus Karthago stammende Offizierssohn war Jurist. In seiner afrikanischen Heimatkirche war er freier Lehrer und leitete den Unterricht der Täuflinge. Da der Herr einst Petrus das Schwert abgenommen hatte, waren für ihn Soldatendienst und Christentum unvereinbar. Hinweise auf die im Neuen Testament vorkommenden Offiziere (Hauptmann von Kapernaum; der von Petrus bekehrte Hauptmann Cornelius; der Zenturio am Kreuz) konnten die Meinung Tertullians nicht erschüttern. Als er von einem Christ gewordenen Soldaten hörte, daß dieser eine militärische Auszeichnung zurückgewiesen habe und darauf hingerichtet worden sei, empfand er eine freudige Genugtuung. Aber dieser glänzende lateinische Publizist begegnete der Tatsache, daß die Zahl der Christen im Heere ständig zunehme, später mit der dialektischen Apologie: das sei der beste Beweis, daß das Christentum nicht weltfremd oder staatsfeindlich sei. Aber weder Tertullian noch andere haben mit ihren Grundsätzen viel Erfolg gehabt. Staatsbeamte wie Soldaten wurden Christen. Die Kirchenzucht wurde jedoch weiterhin streng beobachtet. Daß Frauen, die einem unzüchtigen Gewerbe nachgingen, nicht in die

Gemeinde aufgenommen werden konnten, war selbstverständlich. Trotzdem gab es eine Christin, die Mätresse des Kaisers Commodus war. »Marcia, die gottliebende Konkubine«, war die bildhübsche Tochter eines Freigelassenen. Als Favoritin des Kaisers genoß sie christlichen Unterricht bei einem römischen Presbyter. Ihre Stellung bei Hofe kam den Christen sehr zugute, indem sie bei ihrem kaiserlichen Geliebten Fürsprache einlegte für gefährdete Glieder der Gemeinde.
Wo kamen die Christen zusammen? Die Gemeinden besaßen bis zum Ende des 2. Jahrhunderts keinen besonderen, nur für kirchliche Zwecke bestimmten Versammlungsort. Meist traf man sich in Privathäusern. Erst mit dem 3. Jahrhundert wird von besonderen gottesdienstlichen Räumen oder auch Häusern berichtet. Das hing nicht mit dem Wachstum der Gemeinden zusammen, sondern mit der Entwicklung der Kirchen zur institutionellen priesterlichen Hierarchie. Vornehmlich an den Bischofssitzen schien es mit der Würde des Amtes unvereinbar, religiöse Kulthandlungen in »profanen« Räumen zu zelebrieren. Die neuen kirchlichen Eigenheime waren meist architektonisch nicht sonderlich ausgeprägte Saalbauten, noch keine Basiliken oder »Kathedralen«. Diese kamen erst später, und dann mit staatlicher Förderung.

Irrlehre und Rechtgläubigkeit

Das Weltbild einer magischen Kultur war der weltanschauliche Rahmen, in dem der Gehalt der christlichen Lehre Gestalt gewinnen sollte. Das heißt: Die Übersetzung der christlichen Botschaft geschah in den Vorstellungen der Menschen jener Zeit. Deren Geschichtsdenken vollzog sich in der Form des Mythos. Zeichen und Wunder waren für sie ebenso selbstverständlich wie das Reden Gottes im Traum. Die allegorische und typologische Deutung der Schrift überwand die Schroffheiten eines reinen Wortverständnisses. Das waren die Einfallstore für die *Gnosis.* Bei ihr handelte es sich nicht um eine besondere philosophische Richtung, die mit wissenschaftlichen, rational erarbeiteten Einsichten operierte, sondern um eine auf »pneumatische« Offenbarungen sich gründende Erlösungslehre. Sie führte eine parasitäre Existenz, indem sie nur auf fremden Nährböden gedieh. So gab es nicht nur eine christliche Gnosis, sondern auch eine jüdische, eine griechische, eine ägyptische. Aufgestiegen war sie aus der persischen, dualistischen Zarathustra-Religion. Die Zweiteilung der Wirklichkeit als Dualismus gegensätzlicher Raum- und Zeitvorstellungen, das spekulativ-mystische Verständnis von Offenbarung und Trinität, zu dem man in einer Stufenfolge von Erleuchtungen bis hin zur höchsten pneumatischen Einsicht in letzte Weltgeheimnisse von Schöpfung und Erlösung aufsteigen konnte, das war die besondere Eigenart der christlichen Gnosis. Sie schuf eine synkretistische Frömmigkeit, die Glaube und Weisheit ineinanderschloß. Ihr stand die »theologisch« noch ungeübte Christenheit ungewappnet gegenüber. Denn auch die gnostischen Häretiker bezeichneten sich als »rechtgläubig«, beriefen sich auf die Heilige Schrift, auf Tradition und Glaubensregel. Ihre Auslegungsmethode unterschied sich nur wenig von der der apostolischen Väter. Daß der Gnostizismus die Offenbarungstatsachen auflöste und an deren Stelle den Mythos einer überweltlichen Geschichte setzte, wurde nur von wenigen durchschaut. Gebildete und Ungebildete empfanden die Gedanken der Gnosis als eine Geistes- und Seelenarznei, und manche christliche Gemeinde entpuppte sich bei näherer Betrachtung als eine gnostische Sekte. Der Kampf gegen die Gnosis war der schwerste, den die Kirche zu führen hatte. Selbst ein so entschlossener Gegner wie der spätere Bischof von Lyon, *Irenäus* (ca. 142–?), der in einem fünfbändigen Werk gegen die Gnosis zu Felde zog, hat kaum die Fülle der gnostischen Gedankengänge und Spekulationen ganz erfaßt, obwohl er sich nicht darüber täuschte, daß dieses »Schlangengift« den Tod des Christentums herbeiführen könnte. Inmitten des Ringens um die Aufstellung eines Kanons verbindlicher neutestamentlicher Schriften stieg der Einfluß der Gnosis auf seinen Höhepunkt. Das erklärt sich z.T. auch daraus, daß die christlichen Gnostiker gebildete Menschen waren, die sich über die christliche Lehre mehr Gedanken machten als die meisten Bischöfe und die mit einem geschlossenen Weltbild prunken konnten. Das gilt besonders von dem Ägypter *Valentinus* (135–160 in Rom), der eine große Anhängerschar besaß. Es gab hier verschiedene Richtungen, aber die Valentinianer verstanden es, ihre Gedanken in die kirchliche Ausdrucksweise zu kleiden, so daß sie in den Gemeinden predigten und dadurch größte Verwirrung hervorriefen.

Nicht den Gnostikern direkt zuzurechnen, aber auf sie stark einwirkend war der wohlhabende Schiffsreeder aus Sinope am Schwarzen Meer, *Marcion* (85–160). Er war der Sohn eines Bischofs, der ihn jedoch aus seiner Gemeinde schon früh ausgeschlossen hatte. Marcion wandte sich darauf der römischen Gemeinde zu, in der auch Valentinus eine Zeitlang Fuß gefaßt und sogar auf den Bischofsstuhl spekuliert hatte. Er wurde 144 allerdings ausgewiesen, nachdem seine Anschauungen als häretisch erkannt worden waren. Die Gemeinde zahlte ihm sogar seine reichen Geldspenden zurück.

Marcions Kühnheit bestand darin, daß er vor keiner noch so ehrwürdigen Tradition zurückwich. So lehnte er die christliche Auslegung des Alten Testaments entschieden ab. Würde man sich von der üblichen allegorischen Deutung frei machen und zum klaren Wortverständnis vordringen, so könnte kein Zweifel über die Unvollkommenheit des jüdischen Jahwe bestehen. Jahwes Schöpfung sei nicht Wohltat, sondern Untat. Er habe die miserabelste aller Welten geschaffen. Denn wie sinnlos sei es, einen Menschen zu schaffen, den er bald darauf durch den Sündenfall ins Verderben stürzt, um durch eine unsittliche Erwählung den Weg zur Erlösung vorzubereiten! Die Gerechtigkeit Gottes, der die Erwählten trotz ihrer Sünden hätschelt, die anderen verwirft, sei in Wahrheit Grausamkeit. Besonders anstößig war Marcion der Vorgang der Zeugung und Geburt; inter faeces et urinam nascimur! Aber auch in der Tierwelt sah er Sinnlosigkeit und Ekelhaftes, wenn er etwa an Schlangen, Krokodile, Skorpione und das Heer des Ungeziefers dachte. Diesem Jahwe stand im Neuen Testament der Gott gegenüber, der sich in Jesus Christus offenbart hatte. Dieser »ganz andere«, der »fremde« Gott kannte nicht den sinnlosen, durch Gebote und Verbote umzäunten »Heilsweg«. Seine Botschaft war sich des Menschen erbarmende Liebe, er war ganz Agape. Marcion berief sich hierfür auf Paulus, der die Offenbarung Gottes in Christo am tiefsten verstanden habe. Die Kirche habe den Apostel allerdings weithin judaistisch mißverstanden. Es bedürfe daher einer gründlichen Säuberung der neutestamentlichen Schriften, damit das unverfälschte paulinische Evangelium wieder ans Licht treten könne.

Das Ergebnis der von Marcion durchgeführten antijüdischen Razzia war eine aus zwei Teilen bestehende Schriftensammlung: 1. *das* Evangelium, bestehend aus den »echten« Stücken des Lukas; 2. *der* Apostel, bestehend aus zehn redigierten Paulusbriefen. Die aus diesem »Quellenbuch« sich ergebende Theologie war sehr einfach: 1. eine auf gnostische Spekulationen zurückgehende, von Paulus (2. Kor. 4,4) bestätigte Zweigötterlehre. Dem Gott *dieser* Welt (Jahwe, dem bösen Schöpfergott) steht der Gott des Evangeliums, der Erlösung, gegenüber; 2. mit dem Gott, der sich in Jesus Christus offenbart hat, setzt die »Umwertung aller Werte« ein. Die vom jahwistischen Gesetz Verdammten, die Sünder und Zöllner, finden volle Begnadigung, während die »Gerechten«, die Pharisäer, den Lohn zu erwarten haben, den ihnen der Gott des Gesetzes zugesagt hat; 3. Christus hat nichts mit der Materie des alttestamentlichen Demiurgen zu tun. Kein Weib hat ihn geboren; er war nur »Abbild eines Menschen« (Phil. 2,7), hatte einen Scheinleib.

Kein Zweifel: Paulus würde der entschlossenste Gegner seines radikalen Schülers gewesen sein. Die Kirche ist daher mit Zornesgewalt gegen Marcion und seine Anhänger vorgegangen. Immerhin: die marcionitische Reformkirche war bis zum 3. Jahrhundert (mit eigenem Klerus und Märtyrern) vom Euphrat bis zur Rhone verbreitet. Sie verschwand erst, als die Reichskirche zum vollen Siege kam.

Etwa zur gleichen Zeit, als Marcions Lehren sich ausbreiteten, entstand in Phrygien, im Innern Kleinasiens, eine Erweckungsbewegung, die sich gegen die Verweltlichung und Institutionalisierung der Kirchen richtete.

Als der Neubekehrte *Montanus* dem Taufwasser entstieg (etwa um 157) – er hatte vorher im priesterlichen Frauendienst der syrischen Kybele gestanden –, geriet er in Ekstase und begann in Zungen zu sprechen. Obwohl das himmlische Kauderwelsch bald in eine normale Umgangssprache überging, wußte die Mehrzahl der Anwesenden nicht gleich, worum es sich handelte. Zwei Frauen wußten es. Sie gerieten gleichfalls in Ekstase, artikulierten im höheren Chor, verließen ihre Ehemänner und folgten dem Meister nach. Charismatische Sprachwunder gehörten seit langem schon nicht mehr zum Repertoire der Kirchen. Das fromme Trio – Montanus, Priska und Maximilla – wollte mit seinen linguistischen Sonderleistungen bekunden, wie arm die Kirche an urchristlichen Geistesgaben geworden sei. Zum anderen wollten sie mit ihrem Auftreten das unmittelbar bevorstehende Weltende anzeigen. Aus ihnen spreche der den Jüngern verheißene Tröster (Joh. 14,16). Mit dieser ihnen zuteil gewordenen zweiten Offenbarung habe alles Prophetentum seinen Abschied erhalten. Die chiliastische »Theologie« ließ sich mit dem naiven Satz ausdrücken: »Ich bin der Vater und der Sohn und der Paraklet.« Der Reichserwartung entsprach die Lebensführung. Die Ehe wurde nicht grundsätzlich abgelehnt, aber es sei besser, nicht zu heiraten. Keinesfalls wurde eine zweite Ehe gestattet. In besonders hohem Ansehen stand das Martyrium. Montanus war ein tüchtiger Organisator. Obwohl Hierarchie und Sakramentalismus abgelehnt wurden, verstand es Montanus, eine Strategie zu entfalten, durch die sich seine rapide wachsenden Gemeinden bis nach Afrika ausbreiteten. Es gab strenge Ordnungen (Bußdisziplin, Verbot von Fleisch- und Weingenuß, Kleiderordnung, Verschleierung der Frauen, Kontrolle der Opfergaben, regelmäßiges Fasten).

Obwohl die Kirche Montanus als Häretiker verdammte, war sein

Einfluß auf ernste Gemüter sehr groß. So ist Tertullian (150/155 bis 223) in seinen späteren Jahren Montanist geworden. Der Verteidiger des frühkatholischen Christentums, der Bekämpfer der marcionitischen und gnostischen Häresien, sah in dem Rigorismus der Montanisten die einzige Möglichkeit, einem lax werdenden Kirchentum erfolgreich entgegenzutreten. Die Kirche, die ihn mit Totschweigen strafte, verdankt seiner literarischen Propaganda dennoch unendlich viel. Mehr erahnt als wirklich durchdacht, hat er für viele der späteren christologischen Entscheidungen Formulierungen gefunden, die kirchlich nicht bestritten werden konnten. Das berühmte, ihm zugeschriebene Wort: »Credo, quia absurdum est«, findet sich nicht in seinen Schriften. Was daran anklingen könnte, ist eine Antwort auf die Frage: »Ist Gottes Sohn wirklich gestorben?« – »Ja«, war die Antwort, »ganz glaubhaft, weil es töricht ist.«

Tertullian hatte großen Einfluß auf einen der bedeutendsten Kirchenväter: *Cyprian* (ca. 210–258), Bischof von Karthago. Seiner Herkunft nach zur Oberklasse zählend, war er eine ausgesprochen papale Natur. Sein Ansehen war freilich umstritten, weil er sich in der Zeit der Verfolgungen versteckt hatte, statt das Martyrium zu erleiden. Über Tertullian ging er insofern hinaus, als er meinte, die Kirche brauche in ihrer Führung eine größere Autorität. In seiner Schrift »De unitate ecclesiae« entwickelte er Gedanken, durch die er zum entscheidenden Begründer der Theorie vom Primat Petri geworden ist. Ausgehend von dem Herrenwort: »Du bist Petrus, und auf diesen Felsen will ich meine Gemeinde bauen, und die Pforten der Hölle werden sie nicht überwältigen« (Matth. 16,18f.), meinte er – im Gegensatz zu Tertullian –, daß diese Auszeichnung sich nicht singulär auf die Person des Apostels beziehe, sie sei auf alle Jünger übergegangen, indem der Auferstandene ihnen sagte: »Wie mich der Vater gesandt hat, so sende ich auch euch. Empfanget den Heiligen Geist; wenn ihr jemandes Sünden erlasset, werden sie ihm erlassen werden; wenn ihr sie behaltet, werden sie behalten werden« (Joh. 20,21–23). Das hieß: im Zuge der apostolischen Sukzession, nach der alle Bischöfe in der unmittelbaren Nachfolge der Apostel stehen, repräsentierte sich die Einheit der Kirche als die Summe der Bischöfe, alle gleichgeordnet, allein Gott verantwortlich und unter sich als ein Liebesbund zusammengehalten. Das war eine kühne, exegetisch anfechtbare Konzeption. Sie ging von der nicht nachweisbaren Voraussetzung aus, die monarchische Bischofsgewalt sei von Jesus gestiftet worden. Die Wirkung dieser Theorie, nach der die Elite der Bischöfe eine unangreifbare Oberschicht darstellte, war für die Zukunft der Kirche groß. War schon der Begriff vom *Primat* Petri mit vielen Möglichkeiten der Deutung geladen, so hat der andere, ebenfalls von Cyprian geprägte, von der *cathedra Petri* viel Unheil angerichtet. Beide Begriffe wurden die theologisch-politische Grundlage für den späteren Aufstieg des römischen Papsttums, eine Entwicklung, die Cyprian weder vorausgesehen noch gewollt hat.

Philosophie und Christentum

Mit Aristoteles hatte die klassische Systemphilosophie der Griechen ihr Ende gefunden. Unter den vielen Strömungen von Weltanschauungen und Neufassungen älterer philosophischer Richtungen war die von *Zenon* (um 333/2–262 v. Chr.) gegründete Schule der *Stoa* die geschichtlich bedeutendste in der hellenistisch-römischen Periode. Da sie kein geschlossenes System darstellte, ist sie durch viele Wandlungen gegangen. Mit ihrem grundsätzlichen Kosmopolitismus, ihrem Menschenbild und der auf Vernunft gegründeten Tugendlehre wirkte sie auf viele Gebildete anziehend. Für das Christentum wurde sie von Bedeutung durch die Form, die sie in der römischen Kaiserzeit angenommen hatte: neben der humanen Tugendlehre war der religiöse Charakter in den Vordergrund getreten. Das Prinzip der natürlichen Moral, der natürlichen Theologie und des Naturrechts entsprach dem Zeitgeist. Begriffe wie Heilung, Entsühnung, Trost, Reinheit tauchten in den stoischen Schriften auf. Paulus, der in Athen von stoischen (und epikureischen) Philosophen in eine Diskussion verwickelt wurde (Apg. 17,17f.), machte mit seiner Rede, die vielleicht nicht historisch ist, wenig Eindruck. Man lachte ihn aus, als er von der Totenauferstehung sprach. Paulus hat denn auch von seiner christologischen Grundposition aus die gesamte Philosophie verworfen. Auf ihn berief sich Tertullian, wenn er in seinen polemischen Schriften gegen Stoiker, Platoniker und Sophisten wetterte. Freilich findet sich bei ihm der an die Stoa erinnernde Satz: die Seele sei »von Natur christlich«. Aber das Christentum konnte auf die Dauer bei dieser ablehnenden Haltung nicht bleiben, wenn es sich bei philosophisch gebildeten Menschen verständlich machen wollte.

Unter den christlichen Apologeten, die das Gespräch mit der Philosophie suchten, war der einflußreichste *Justin* (ca. 110 bis 165). Er stammte aus Samaria und war wahrscheinlich griechischer Herkunft. Mit 25 Jahren wurde er Christ, nachdem er sich vorher mit Philosophie beschäftigt hatte. Seine griechische Bildung reichte freilich kaum über den Durchschnitt der damaligen Popularphilosophie hinaus, die in der vornehmen bürgerlichen Gesellschaft als philosophische Seelsorger auftraten. Aber Justin war auch etwas anderes als ein Modephilosoph. Er wollte nachweisen, daß das Christentum die Vollendung der Philosophie sei. Was er hierzu sagte, war hausbacken einfach, das rationalistische Gepräge seiner Gedanken zeigte den stoischen Einfluß. Der platonische Logos-Begriff reizte ihn nicht zu tiefsinnigen Spekulationen. Ganz nüchtern sah er im Logos die göttliche Weltvernunft, die sich im Christentum am vollkommensten offenbart habe. Das Christentum sei nicht nur die älteste, sondern auch die wahrhaft natürliche und praktische Religion. Es sei lange vor seiner Erscheinung von der göttlichen Vernunft vorbereitet worden: in den jüdischen Propheten und im Griechentum. Alles laufe in der früheren Geistesgeschichte auf das Christentum zu. Schon Männer wie Heraklit und Sokrates seien vom göttlichen Logos inspiriert gewesen, ebenso Vorläufer des Christentums wie Abraham, Elia und andere jüdische Propheten. In Christus habe alle Philosophie ihr Ziel gefunden. Darum seien die Christen die wahren Vernunftmenschen, wie alle philosophisch Vernünftigen wahre Christen seien. Mochte Justin in der damaligen Heidenwelt kaum Hörer gefunden haben, in seiner Geschichtstheologie sind ihm später viele gefolgt. Die bekannte Stufenfolge: Griechentum – Judentum – Hellenismus – Christentum ist im christlichen Abendland Bestandteil eines lange geltenden Grundschemas geworden.

Die Stoa hat als praktische Ethik und natürliche Theologie im Christentum weitergewirkt. Die Schriften *Senecas* (4 v. Chr. bis 65) und *Epiktets* (ca. 50–125/30) fanden viele Leser.

Seneca stammte aus einer reichen spanischen Familie und hatte unter Kaiser *Caligula* (37–41) zu römischen Hofkreisen Zugang gefunden. Sein Leben war recht wechselvoll, wovon noch zu berichten sein wird. Der religiöse Ton in seinen Schriften wurde von vielen Christen bewundert. Ein gefälschter Briefwechsel mit dem Apostel Paulus brachte ihm den Ruf ein, ein heimlicher Christ gewesen zu sein. Seine Lehre von der Bändigung der Leidenschaften und von der natürlichen Gottesverehrung und dem Sichfügen in die Ratschlüsse eines höheren Schicksals wurde in Parallele zur christlichen Tugendlehre gesetzt.

Noch deutlicher hat Epiktet diese Auffassungen vertreten. Er war ein durch Mißhandlungen fußlahm gewordener Sklave, der sich als endlich Freigelassener der stoischen Philosophie widmete. Er war von der Notwendigkeit des Entsagens innerlich überzeugt und lebte entsprechend. In seinem Gottvertrauen war er fester als mancher offizielle Christ. Die Stoa wurde allmählich zur *christli-*

chen Stoa. Man identifizierte die christliche Ansicht von der Freiheit der Gotteskinder mit den entsprechenden stoischen Naturlehren: wenn der Stoiker lehrte, daß Herrschaft, Selbstsucht und Leidenschaft die ursprüngliche Harmonie von Gleichheit und Freiheit zerstören, so konnten die Christen dasselbe aus der Bibel herauslesen.

Das christlich-stoische Naturrecht wurde ein Element der abendländischen Weltanschauung: es wurde von Augustin aufgegriffen, fand im christlichen Humanismus eine Wiederkehr, wurde zur Basis der katholischen Soziallehren, zog in die Dogmatik von Zwingli und Melanchthon ein und blieb bis in die moderne »Theologie der Ordnungen« spürbar. Man versteht, daß der emotionale Luther über die »stoischen Stockheiligen« und deren »gemachte« Tugenden in Zorn ausbrach. Aber man sollte nicht leugnen, daß die Beherrschung der Leidenschaften, was Luther so schwerfiel, auch eine christliche Tugend ist, von der nicht nur Heuchelei, sondern auch viel Wohltat ausging. Vollzog sich die Anpassung an die Prinzipien der Stoa ziemlich reibungslos, so fehlte es anderseits nicht an heftigen Kampfschriften von philosophischer Seite gegen das Christentum. Etwa um 180 schrieb der Grieche *Celsus* seine Schrift »Wort der Wahrheit«. Aus ihm sprach der an Plato geschulte Bildungsmensch, dem die Lehren des Christentums Wahnwitz und Aberglauben waren. Celsus hatte sich eingehend mit der christlichen Lehre und mit der Bibel befaßt; er kannte auch viele Christen, die nicht immer überzeugende Beispiele ihres Glaubens waren. So war sein Spott nicht leichtsinnig und oberflächlich. Aber er konnte sich nicht genugtun, die Anmaßung dieser christlichen »Würmer« zu geißeln. Welche Überheblichkeit stecke in ihren Worten: sie seien die Auserwählten der Schöpfung. »Ein Chor von Fröschen sitzt im Sumpf und quakt: um unseretwillen ist die Welt geschaffen.« Ihren Monotheismus verknüpften sie mit der kuriosen Behauptung, der eine Gott sei Mensch geworden. Das ganze Christentum sei ein anthropomorphistischer Mythos schlimmster Art. Celsus schrieb sein Buch als konservativer Patriot. Das Verlassen der Väterreligion bedeute das Aufgeben der staatlichen Ordnung an ihrer wundesten Stelle. Das Verweigern des Kaiseropfers sei ein Frevel. Die Christen würden vergessen, daß Kaiser und Kultur zusammengehören. Durch die Christen bestehe die Gefahr des Versinkens in schreckliche Barbarei.

Es sind damals noch viele andere Abhandlungen und Satiren gegen das Christentum entstanden, Schriften von verschiedenem Rang. Etwa 120 Jahre nach Celsus schrieb der syrische Semit *Porphyrios* seine 15 Bücher »Gegen die Christen«. Es war der Versuch, alles das, was die Kirche in Lehre und in den neutestamentlichen Schriften veröffentlicht hatte, zu widerlegen. Porphyrios war Schüler *Plotins* (205–270), des Begründers und klassischen Vertreters des Neuplatonismus, der die letzte große (eklektische) Leistung des Hellenismus, eine Umwandlung der Philosophie in eine pantheistische Metaphysik, darstellte. Anknüpfend an Plato entstand ein Weltbild, in dem der religiöse Gedanke das Bindeglied aller in dessen Idealismus vereinigten Gedankenströme war. Der gesamte Kosmos ist göttliche Natur, voller Harmonie. Gott oder die Gottheit ist Urwesen und Ursprung aller Dinge. Sein Abbild ist der Nus, der die Weltseele erzeugt hat. Aus ihr absteigend folgt die Körperwelt, deren letztes Glied die Materie ist. Die »Theologie« Plotins war eine mystisch-kontemplative Spekulation. Es ging Plotin um die Lösung des Problems, wie die Vielheit der Dinge im Kosmos wieder zu einer Verschmelzung mit dem »einen«, »Unsagbaren«, kommen kann. Seine Antwort: diese Vereinigung erfolgt durch ein »Schauen«. Der »Schauende« muß sich ganz nach innen wenden und still warten, bis das »Eine«, d.h. das »Göttliche« erscheint und ganz »gegenwärtig« wird. Vollzieht sich dann die Berührung mit Gott, dann ist der Mensch in der Ekstase, denn er ist selber Gott geworden. Es ist dann der Zustand erreicht, der in Goethes Worten zu erkennen ist: »Alles Drängen, alles Ringen, ist ewige Ruh' in Gott, dem Herrn.« Oder wie es der sterbende Plotin ausgedrückt hat: das Göttliche in mir muß befreit werden, damit es aufsteige zu dem Göttlichen im All. – Der Neuplatonismus war bewußt gegen das Christentum gerichtet, und eine Schrift Plotins, der Porphyrios den Titel »Gegen die Gnostiker« gab, war vornehmlich gegen die Christen gerichtet. Trotzdem blieb das Problem Glaube und Philosophie eine ernste Angelegenheit für die Kirche.

Der erste christliche Theologe, der sich in einem positiven Sinne, und anders als die frühen Apologeten, der Philosophie zuwandte, war *Clemens von Alexandrien* (um 200). Er war von der Philosophie zum Christentum gekommen und leitete eine Katechetenschule. Er wollte den Gegensatz von Philosophie und Glaube überwinden. Auch er war, ähnlich wie Justin, davon überzeugt, daß die vom Logos erfüllte Philosophie eine Vorstufe des Logos Christus sei. Aber es ging ihm nicht um eine naive Apologie. Auf der Grundlage der Heiligen Schrift wollte er eine auf philosophischer Erkenntnis ruhende Theologie entwickeln. Die meisten Christen, sagte er einmal, »glichen den Gefährten des Odysseus, die sich die Ohren verstopfen, weil sie fürchten, den Weg nach Hause nicht zu finden, wenn sie einmal die Ohren der griechischen Wissenschaft geöffnet hätten«. Es komme auf die »wahre Gnosis« an, die zur unmittelbaren Gottesgemeinschaft durch den Logos führe. Dazu bedürfe es eines Lehrers, der seinen Schülern Freund und Seelsorger würde. Nicht alle Christen müßten diesen Weg gehen. Aber ein kleiner Kreis, der nach höherer Weisheit strebt, solle überall, wo es nötig ist, entstehen. In diesen Zirkeln habe nicht der Kleriker, sondern der Lehrer die Führung.

Noch stärker wurde von diesen Fragen Clemens' Schüler und Nachfolger *Origenes* (185–254) bewegt. Er kam aus einer christlichen Familie. Sein Vater hatte den Märtyrertod erlitten. Philosophie hatte er bei dem berühmten Neuplatoniker Ammonius Sakkas studiert, der, ursprünglich Christ, vom einfachen Hafenarbeiter zum Philosophielehrer aufgestiegen war. Er war der Lehrer Plotins und des Porphyrios. Origenes hat die von Clemens übernommene Katechetenschule zu einer wissenschaftlichen theologischen Schule ausgebaut. Nun hatte er reichliche Gelegenheit, seine Lehren zu entwickeln. Er war ein emsiger Vielschreiber, der ein ganzes Heer von Helfern und Helferinnen beschäftigte. Von seiner enormen literarischen Leistung – 2000 Bücher und Schriften sind gezählt worden – ist das meiste verlorengegangen. Die bedeutendsten seiner Werke waren: eine Riesenausgabe des Alten Testaments (Hexapla) mit in sechs Kolumnen nebeneinandergestellten verschiedenen griechischen Übersetzungen; Kommentare zu fast allen Teilen der Bibel; eine Dogmatik; schließlich die Streitschrift gegen Celsus. Seine Lehre sollte sich eng an neuplatonische Spekulationen anschließen. Der christliche Lehrgehalt blieb ihm Wahrheit. Aber er unterschied den schlichten Gemeindeglauben von einer höheren Erkenntnisweise. Der akademisch Gebildete brauche nicht die kirchlichen Vorstellungen.

Gott wurde von ihm ganz platonisch gefaßt. Der Logos ist von Ewigkeit erzeugt, aber Gott untergeordnet. Unter dem Sohn steht wiederum der Heilige Geist. Dieser gestuften Trinität folgen alle anderen geistigen Wesen. Diese waren ursprünglich vollkommen und mit Willensfreiheit ausgestattet. Aber gerade dank dieser Freiheit sind sie einmal von Gott abgefallen. Darauf schuf Gott die Materie und fesselte sie in Körper (Engel, Dämonen, Menschen). Sie alle verlangten nach Erlösung, die der Logos vollbrachte, indem er sich mit einer unschuldigen Seele vereinigte und zum Gottmensch wurde. Die Erlösung vollbrachte er durch sein Vorbild. Nun kann der einzelne Mensch, vermöge des göttlichen Funkens in ihm, zu Gott emporsteigen. Dieser Aufstieg geschieht je nach dem Grad der sittlichen Entwicklung zu immer feineren Gebilden.

Origenes wurde einer der berühmtesten Gelehrten seiner Zeit.

Selbst nichtchristliche Philosophen versagten ihm nicht den Respekt. Die geistige Zeitstimmung im Römischen Reich war ihm günstig. Neben Plotin galt er als ein origineller Denker. Der Statthalter von Arabien lud Origenes zu Vorträgen ein, und vor der Kaiserin Julia Mammae, der Mutter des Kaisers Alexander Severus, hielt er in Antiochien Vorlesungen über das Wesen des Christentums. Obwohl er als eine Leuchte der christlichen Wissenschaft gefeiert wurde, blieb er persönlich ein bescheidener Mensch. Die Askese trieb er so weit, daß er sich in Anlehnung an ein Herrenwort (Matth. 19,12) entmannen ließ. Die letzten Jahre seines Lebens waren von Kummer gekennzeichnet. Als er in Cäsarea, wo er oft zu Vorträgen eingeladen war, von befreundeten Bischöfen zum Presbyter geweiht wurde, erregte das den Neid des alexandrinischen Bischofs Demetrius. Er wollte den unabhängigen Lehrer an die kirchliche Kette legen und ließ ihn kurzerhand durch eine Presbytersynode exkommunizieren. Origenes blieb nun in Cäsarea, wo er eine neue theologische Schule gründete. Die von Kaiser Decius in Szene gesetzte Christenverfolgung traf auch ihn. Trotz furchtbarer Folterungen verleugnete er nicht seinen christlichen Glauben. Er wurde schließlich aus dem Gefängnis entlassen, starb aber wenige Jahre später an den Folgen der grausamen Mißhandlungen.

Die historische Bedeutung des Origenes besteht darin, daß er als erster die Synthese von Christentum und Hellenismus zu einem System erhoben hat. Dabei war ihm klar, daß seine Lehre nicht für die christliche Masse, sondern nur für eine Elite von Denkenden bestimmt war. Er lehnte den traditionellen Gemeindeglauben nicht ab, die »wahre Gnosis« sei jedoch nur dem philosophischen Pneumatiker zugänglich. Der schon mehrfach genannte Neuplatoniker Porphyrios hat ihn wohl am besten charakterisiert, wenn er schrieb: »In seinem Lebenswandel war er ein Christ und ein Feind der heidnischen Gesetze, in seinen Anschauungen über die Dinge und das göttliche Wesen aber war er ein Hellene und schob die Philosophie der Hellenen den fremden Mythen, auf denen das Christentum fußt, unter.« Der christliche Neuplatoniker Origenes wollte Schrifttheologe sein. Aber, so sagte er warnend zu denen, die die biblischen Berichte unkritisch übernahmen: »Wer glaubt, daß die Heilige Schrift von dem kommt, der der Schöpfer der Natur ist, mag wohl erwarten, in ihr dieselbe Art von Schwierigkeiten zu finden wie in dem Aufbau der Natur.« In der Schriftauslegung bediente er sich des Mittels der Allegorese. Nicht der bloße Wortlaut der Texte, auch nicht ihre moralische Erklärung, biete die ganze Wahrheit. Für sie sei »das Licht der Gnosis« nötig, um ein höheres Verständnis zu erlangen.

Seine Frage war: Soll sich das kirchliche Christentum von seiner geistigen Umwelt völlig abriegeln, oder soll es mit dieser Umwelt in einem fruchtbaren Gespräch leben? Folgender Ausspruch dazu ist von ihm überliefert: »Nicht nur an *einem* Orte soll das Heilige gesucht werden, sondern in Taten, Sitten und im Leben. Sind diese gottgemäß und werden sie den Geboten gemäß erfunden, so dienst du dem Worte Gottes, auch wenn du zu Hause bist, auch wenn du auf dem Markte bist, und – was sage ich – auch wenn du im Theater sitzest, zweifle ich nicht, daß du an heiliger Stätte weilst.« Das war die Ansicht eines »modernen«, aufgeschlossenen Christen.
Mit dem Sieg der Orthodoxie setzte die Verfolgung des »Origenismus« als Häresie auf breiter Front ein. Nach vorangegangenen Bannsentenzen wurde der große Kirchenlehrer des griechischen Ostens auf dem 5. ökumenischen Konzil in Konstantinopel (553) verdammt. War es gewiß auch richtig, wenn die Kirche seinen Lehren nicht zu folgen vermochte, weil sie zu gravierende Abstriche am Christentum enthielten, so ist Origenes doch nicht nach dem kirchlichen Bannspruch zu beurteilen. Es ist keine Frage, daß er am meisten dazu beigetragen hat, das Heidentum zu überwinden.
Auch die Kirche konnte den philosophischen Fragen nicht einfach den Rücken kehren. Sie hat vom hellenistischen Kulturerbe soviel in sich aufgenommen, als dieses sich dem Anpassungsgesetz nicht widersetzte. Das Christentum wurde weithin gräzisiert. Der Hellenismus wurde christianisiert und verschwand allmählich als eigenständige Kraft, aufgesogen vom Christentum.

Die Kaiser und die Christen

Obrigkeit und Religion

Kein Satz der neutestamentlichen Literatur hat eine so folgenreiche Wirkung gehabt wie der des Paulus: »Jedermann sei untertan der Obrigkeit, die Gewalt über ihn hat. Denn es ist keine Obrigkeit ohne von Gott; wo aber Obrigkeit ist, ist sie von Gott verordnet« (Röm. 13,1). Die Deutungsgeschichte dieses Satzes bildet eine umfangreiche Literatur für sich, seine Anwendung in der christli-

chen Staatenwelt hat deren politisches Gesellschaftsbild entscheidend geprägt. Den Ansatz zu einer Staatstheologie, die sich später zu einer konservativen Staatsideologie ausweitete, wird man aus den Worten des Paulus nicht herauslesen dürfen. Inwieweit eine Obrigkeit »von Gott« ist, bleibt ein Urteil des Glaubens und kann nicht durch Aussagen der Vernunft bewiesen werden.
Das Verhältnis der frühen Christen zur Obrigkeit war nie ein feindliches. Justin schrieb an den Kaiser und den römischen Senat: »Wir sind eure Helfer und Mitstreiter hinsichtlich des Weltfriedens in höherem Maße als alle anderen Menschen.« Aber auch Tertullian, der so viel an den antiken Einrichtungen auszusetzen hatte, versicherte den Machthabern: »Wir treiben Schiffahrt und leisten Kriegsdienste (!) mit euch zusammen und sind im Ackerbau und Handel beschäftigt.« Den Vorwurf der Respektlosigkeit wies er mit dem Hinweis zurück, daß die Christen regelmäßig Fürbitte für Kaiser und Reich tun. Tatsächlich haben die Gemeinden unter Beachtung der apostolischen Mahnungen (1. Tim. 2,2; 1. Petr. 2,17) das Gebet für die Obrigkeit als eine Pflicht betrachtet. Als Augustus im Zuge seiner Restaurationspolitik die in Verfall geratenen religiösen Staatskulte erneuerte, konnte es sich nicht, wie bereits ausgeführt, um eine Wiederbelebung abgestorbener religiöser Empfindungen handeln, sondern um die Durchführung eines politischen Programms. Durch die Verehrung der alten Staatsgötter, unter deren Schutz Rom immer gestanden hatte, sollte der Bürger des Reichs der gesicherten Fortdauer der römischen Tradition im Kaisertum gewiß sein. Zweck dieser Religionspolitik war aber auch die Bändigung und Mäßigung der hellenistischen »Kulturrevolution«, die in zahllosen Religionen, Kulten und Erlösungsmysterien aus dem Osten nach dem Westen strömte. Grundsätzlich war die Verehrung aller fremden Götter verboten. Insofern übte der Staat jedoch Toleranz, als jeder »glauben« mochte, was er wollte, sofern er nur den zum öffentlichen Kult zugelassenen Göttern die schuldige Achtung nicht versagte oder sonst religiös anstößig wirkte. Ein Zwang zum Opfern wurde, außer bei Beamten, Offizieren und Soldaten, grundsätzlich nicht ausgeübt.
Ein Mittel der Loyalitätsbezeugung war der Kaiserkult. Er gehörte nicht eigentlich zur antiken Religionsausübung. Seine Heimat war der Osten (Babylon, Persien, Ägypten), wo die sakrale Verehrung des Herrschers als »Sohn Gottes« seit langem bekannt war. Durch Alexander den Großen ist diese Verehrung noch mehr verstärkt worden. In den von den Römern eroberten Gebieten des Ostens entstanden überall dem Kaiserkult gewidmete Altäre und Tempel. Ein großer Teil der sakralen Würdenamen im Neuen Testament ist

Beutegut aus dieser Kultsprache. Augustus ließ sich die Verehrung seiner Person gern gefallen, obwohl der Kaiserkult im Westen nur spärlich Eingang fand. Man begnügte sich in Rom mit der göttlichen Verehrung seines Genius. Erst nach seinem Tode wurde Augustus unter die Götter aufgenommen. Unter den Nachfolgern des Augustus steigerte sich der Kaiserkult bis zum Cäsarenwahn und verschmolz mit dem Opfer, das man den Staatsgöttern darbrachte.

Frei vom staatlichen Götterdienst und Kaiserkult waren die Juden, sowohl in Jerusalem wie in der Diaspora. Wahrscheinlich verdankten sie diese Duldung der mannigfachen Hilfe, die Herodes seinerzeit den Römern bei ihrer Ostpolitik zuteil werden ließ, vielleicht aber auch der Meinung, daß eine gewaltsame Vernichtung des an sich verhaßten Monotheismus sich nicht lohne, zumal er nur an eine bestimmte Nation gebunden sei.

Solange die junge und auch zahlenmäßig noch kleine Christenheit sich im Schatten des Judentums bewegte, galt sie den Römern als eine jüdische Sekte. Auch die erbitterten Kämpfe zwischen Juden und Judenchristen wurden als eine der verschiedenen innerjüdischen Religionsstreitereien angesehen, in die sich die Besatzungsmacht nur selten, am liebsten gar nicht einmischte (Apg. 21,33 ff.). Auch als die Zahl der nichtjüdischen Christen wuchs und die Trennung von den hellenistischen Synagogengemeinschaften erkennbarer wurde, verhielten sich die amtlichen Stellen lange zurückhaltend.

Da aber die Christen das Götzenopfer und den Kaiserkult ablehnten, konnte ein Konflikt mit dem Staate früher oder später nicht ausbleiben. Wie lange es gedauert hat, bis die Gemeinden den Behörden als selbständige »kirchliche« Organisation auffielen, ist nicht mit einem bestimmten Datum zu beantworten; örtlich waren die Verhältnisse sehr verschieden, ebenso die formalen Anlässe eines staatlichen Vorgehens. In populären Darstellungen steht an erster Stelle meist die von Kaiser Nero herbeigeführte Christenverfolgung, der in Rom fast die ganze junge Gemeinde zum Opfer fiel und in deren Verlauf auch die Apostel Paulus und Petrus den Märtyrertod gefunden haben sollen. Es wird aber zu fragen sein, ob dieser grausame Massenmord, der immer wieder die Gemüter in Erregung versetzt und die Phantasie in Roman und Film beflügelt hat, wirklich eine *Christen*verfolgung war.

Augustus ist ohne männlichen Leibeserben gestorben. Nachfolger wurde sein Stief- und Adoptivsohn *Tiberius* (14–37). Auch er starb ohne Leibeserben. Nach ihm bestieg *Caligula* (= Stiefelchen) den Cäsarenthron. Um ihn rasch zu beseitigen, stieß ihn ein Prätorianer kaltblütig nieder. Nun wurde Caligulas Onkel *Claudius* Kaiser (41–54), den man für schwachsinnig hielt, der aber immerhin klug genug war, die Regierungsgeschäfte anderen zu überlassen. Claudius war ein morbider Lüstling, den die Weiber beherrschten. Als der über 50jährige in dritter Ehe die 16jährige *Messalina* heiratete, die ihm einen Sohn (Britannicus) und eine Tochter (Octavia) gebar, lebten noch zwei Frauen am Hofe, Schwestern des Caligula. Beide waren Witwen. Livilla hatte ihren ersten Gemahl vergiftet, Agrippina erhoffte für ihren Sohn Nero den Thron. Mit beiden Frauen stand der Philosoph Seneca in enger Verbindung, mit Livilla sogar in sehr vertrautem Umgang. Messalina verfolgte beide mit ihrem Haß. Bald gelang es ihr, Livilla zu beseitigen. Seneca verbarg sich einstweilen auf Korsika. War der alternde Claudius hinter den Frauen des Hofes wie ein balzender Truthahn her, so gab sich Messalina einem Günstling nach dem andern hin. Schließlich wollte sie mit einem Favoriten sogar eine Nebenehe eingehen. Der vor einem drohenden Komplott gewarnte Hahnrei ergriff jetzt die Initiative. Nach einem bacchantischen Fest wurde das Paar ergriffen und während eines dramatischen Kampfes umgebracht.

Jetzt nahte Agrippinas große Stunde. Zunächst ließ sie Seneca aus dem Exil zurückrufen und als Erzieher des jungen Nero bestellen. Dann verlangte sie, daß Claudius mit ihr die Ehe eingehe, ihr Sohn die Kaisertochter Octavia heirate, zum Adoptivsohn und damit zum Thronfolger ernannt werde. Claudius war mit allem einverstanden. Agrippina erhielt den Ehrentitel »Augusta«; die aus einem Militärlager im Jahre 50 gegründete Stadt Köln erhielt ihr zu Ehren den Namen Colonia Agrippina. Bald dauerte es ihr zu lange, bis der Thron frei wurde. Claudius wurde mit einem Pilzgericht vergiftet.

Der 17jährige Nero wurde jetzt Kaiser (54–68). Die wahren Herrscher waren seine Mutter und Seneca. Dem ermordeten »Vater« hielt Nero eine von Seneca verfaßte ergreifende Leichenrede. Gleichzeitig verfaßte Seneca eine ätzende Spottschrift, in der er den ehemaligen Cäsar der Lächerlichkeit preisgab. Seneca war klug und gewandt; aber der Mann, der den Philosophenmantel trug, war kein starker Charakter. Er verstand sich auf Staatsgeschäfte. Nie

ließ er den eigenen Gewinn außer acht. Eine von ihm gegründete Bank nahm Wucherzinsen; aber Handel und Industrie kamen durch seine Kreditpolitik zur Blüte. Fraglos war er in den ersten Jahren seinem kaiserlichen Zögling ein wichtiger Helfer, sah ihm aber wiederum zuviel nach. Sein Verhalten blieb vielen ein Rätsel.
Über seine machtgierige Mutter täuschte sich Nero nicht. Er wußte zuviel von ihr, als daß er sie hätte wirklich achten können. Auch jetzt konnte Agrippina das Intrigieren nicht lassen. Als sie sich nicht scheute, den schon vergessenen Britannicus ins Spiel zu bringen, ließ Nero diesen rasch beseitigen, um dann auch bald seine Mutter zu töten. Jetzt beschritt er die Bahn des Blutrausches. Octavia mußte einwilligen, sich töten zu lassen, damit er die ihn mit raffinierten Liebesspielen umgarnende *Sabina Poppaea* zur Kaiserin machen konnte. Aber auch die neue Kaiserin starb bald, nachdem ihr Nero im Zorn einen Fußtritt gegen den schwangeren Leib versetzt hatte.
Rom war in baulicher Hinsicht eine veraltete Stadt. Die oft gerühmte rege Bautätigkeit des Kaisers Augustus hatte sich ausschließlich auf die Errichtung öffentlicher Gebäude und repräsentativer Plätze erstreckt. Die Wohnviertel der breiteren Bevölkerung boten keinen erfreulichen Anblick. Die durchweg aus Holz oder Lehm gebauten, vielgeschossigen Mietskasernen in engen und winkligen Gassen kennzeichneten das allgemeine soziale Wohnungselend in der Welthauptstadt. Brände waren alltäglich, wobei Feuerwehr und Versicherung meist Hand in Hand arbeiteten. Von der Notwendigkeit einer gründlichen Sanierung war Nero überzeugt. Aber die Bewohner dieser Elendsviertel weigerten sich, ihre Bruchbuden zu räumen, weil eine Umquartierung erheblich höhere Mietkosten verursacht hätte. Da brach im Juli 64 ein großer Brand aus, wie man ihn bisher nie erlebt hatte. Von 14 Stadtbezirken blieben nur vier verschont. Die Flammen wüteten neun Tage lang und legten nicht nur die alten Holzbauten, sondern auch kostbare Gebäude, Tempel und Kunststätten in Asche. Zahllose Menschen kamen ums Leben. Der Verdacht der Brandstiftung fiel auf Nero. Der nach vorbereiteten Plänen und auf Staatskosten sofort eingeleitete Wiederaufbau verstärkte diesen Verdacht. Es war dem Kaiser nichts nachzuweisen, für ihn aber auch schwer, den Verdacht zu entkräften.
Wer Nero auf die Christen aufmerksam gemacht hat, ist unbekannt. Ihm konnte es nur recht sein, diese wehrlosen Menschen, denen der Straßenpöbel ohnehin manches nachsagte, als Brandstifter zu verurteilen. Die unglücklichen Opfer der nun einsetzenden Christenhetze wurden nach sinnlosen Schauprozessen auf bestiali-

sche Weise umgebracht. Sie wurden gekreuzigt, als lebende Pechfackeln in den kaiserlichen Parks verbrannt oder in Tierfelle genäht und von wilden Tieren zerrissen. Trotzdem kann von einer systematischen, *um der Religion willen inszenierten Christenverfolgung* nicht die Rede sein. Die Aktion war auch nur auf die Stadt Rom beschränkt. Ob der in diese Zeit verlegte Tod der Apostel Petrus und Paulus damit in Verbindung zu bringen ist, muß dahingestellt bleiben.
Neros Terrorherrschaft hat in seinen letzten Regierungsjahren noch zu vielen Verschwörungen und Aufständen geführt. Als ein Anschlag auf sein Leben aufgedeckt wurde, kam es zu Massenhinrichtungen. Auch Seneca, der zu der Ausrottung der römischen Christengemeinde geschwiegen hatte, fiel in Ungnade. Er schied freiwillig aus dem Leben. Nachdem Truppen aus ihrer Mitte einen neuen Imperator ausgerufen hatten, machte auch Nero seinem Leben eigenhändig ein Ende.

Zwischen Duldung und Verfolgung

Seit den Tagen Neros und noch mehr nach dem Untergang Jerusalems und der Katastrophe des palästinensischen Judentums wußte man, daß das Christentum keine jüdische Sekte, sondern eine neue Religion war. Trotzdem unternahmen die Behörden von sich aus nichts, um gegen sie vorzugehen. Erst mit *Domitian* (81–96) wurde es für die Christen wieder gefährlicher. Wie Nero schien er in seinen Anfangsjahren ein tüchtiger Regent zu werden. Politisch nicht ganz ohne Erfolg, wurde unter seiner Regierung die Eroberung Britanniens zum Abschluß gebracht und der Ausbau des Limes vollendet. Im Kampf gegen die unruhigen Grenznachbarn (Chatten, Markomannen, Draker) bewies er soldatisches Können. Mit Nero gemein hatte Domitian den Sinn für Musik und Architektur – er war ein eifriger Bauherr. Dichter und sonstige Künstler erfuhren seine Gunst, wenn sie ihm schmeichelten. Selber war er auf diesem Gebiet nicht produktiv. Man weiß lediglich von einer Schrift über die Pflege des Haarwuchses. Er war maßlos eitel, und mit zunehmendem Alter stiegen sein Selbstbewußtsein und sein nagendes Mißtrauen. Er ließ sich »Herr und Gott« nennen und verlangte zur Begrüßung den Hand- oder Fußkuß, übernahm persönlich das Amt eines Zensors (= Sittenaufsicht), um dadurch unmittelbar die politischen Gehorsamspflichten unter Kontrolle zu haben. Wie sein Vater Vespasian setzte er den Kampf gegen die Stoiker fort, die in dem nicht unberechtigten Verdacht standen, mit

ihren »fortschrittlichen« Ansichten vor allem den Senat aufzuwiegeln. Hier witterte der Kaiser auch das Zentrum aller nur denkbaren Opposition. Der Maßstab für wirkliche Loyalität wurde das unter dem Schutz der Göttin Roma stehende Kaiseropfer, das der Kaiser jetzt bei dem geringsten Anlaß zum Mißtrauen verlangte. Die Folge waren schwere Konflikte, die bis in die Verwandtschaft seines Hauses reichten. Die Anklage lautete meist auf »Atheismus«, dessen namentlich die monotheistischen Christen beschuldigt wurden. Kennzeichen war in jedem Falle die Verweigerung des Kaiseropfers. Im Zuge verschiedener Razzien sind viele Christen umgekommen oder deportiert worden. Des Kaisers Vetter Flavius Clemens wurde getötet, dessen Gattin Flavia Domitilla verbannt. Ob sie Glieder der christlichen Gemeinde waren, ist unbestimmt, zumindest standen sie dem Christentum sehr nahe.
Die Zahl der Opfer in der Hauptstadt ist nicht feststellbar. Größer dürfte sie in Kleinasien gewesen sein, wo der Kaiserkult längst heimisch war und jetzt von eifrigen Beamten in besonderen Festakten zelebriert wurde. Ephesus wird als ein Mittelpunkt genannt. Hier war die Zahl der Opfer sehr hoch. Nach einer Angabe des Irenäus ist auf dem Hintergrund dieser düsteren Vorgänge das letzte Buch der Bibel, die Offenbarung des Johannes, entstanden. Auch der 1. Petrusbrief läßt von dem, was damals vorging, manches erkennen.
Domitian selber fiel einer Palastrevolution, an der seine eigene Gemahlin beteiligt war, zum Opfer.
Der kurzen Regierungszeit des schon 68jährigen Senators *Nerva* (96–98) folgte der Spanier *Traian* (98–117), ein besonnener General, dem alles daran lag, Ruhe und Ordnung zu schaffen. Von ihm stammt die erste amtliche Äußerung über die Behandlung der Christen. Der Statthalter von Bithynien, Plinius der Jüngere, hatte den Kaiser um genauere Anweisungen gebeten. Bisher war er, der noch wenig Erfahrung im prozessualen Verkehr mit Christen besaß, so verfahren: wurden Personen vorgeführt, die als Christen galten, so hatte er sie zunächst gefragt, ob das zuträfe. Bejahten sie und blieben trotz dreimaliger Mahnung unter Strafandrohung bei ihrem Bekenntnis, so wurden sie kurzerhand hingerichtet. Neuerdings waren ihm jedoch (anonym) Namenlisten vorgelegt worden, wo die Vorgeführten leugneten, Christen zu sein oder es vor langer Zeit – manche vor mehr als 10 Jahren – gewesen zu sein behaupteten. Diese erklärten sich jetzt bereit, den Göttern zu huldigen und vor dem Kaiserbild Weihrauch und Wein zu spenden. In dieser Situation wollte der Statthalter wissen, wie er sich künftig verhalten solle. Der Kaiser möge mit einem entsprechenden Edikt die

Rechtslage festlegen. Seine Fragen gingen insbesondere in folgende Richtung: 1. Ob das Christentum als solches schon strafbar sei oder nur die den Christen nachgesagten Verbrechen, die Plinius nirgends bestätigt fand; 2. ob eine Absage an den »wahnwitzigen« Aberglauben strafmildernd sei; 3. ob bei dem Strafmaß ein Unterschied in den Lebensaltern gemacht werden solle.

Traian lehnte in seiner knappen Antwort zunächst jeden Erlaß eines besonderen Reichsgesetzes ab. Die bestehenden Vorschriften genügten. Plinius habe bis jetzt durchaus richtig gehandelt. Natürlich sei das Bekenntnis zum Christentum strafbar, da es eine nicht zugelassene Religion sei. Als Richtschnur für die Verfahren sei jedoch zu beachten: 1. die Christen sollten nicht von den Behörden aufgespürt werden; 2. anonymen Anzeigen sei nicht nachzugehen; 3. wer dem Christentum absage, indem er die Götter anriefe, solle straffrei ausgehen; wer allerdings bei ihm beharre, müsse bestraft werden.

Des Kaisers Antwort war eine politische, aber keine juristische. In der Theorie hieß es: alle Christen sind strafbar, in der Praxis sollte in einer abgestuften, situationsbedingten Weise verfahren werden. Aus dem Kaiserreskript ging eindeutig hervor: nicht der »Glaube« ist für die Behörde von Belang, sondern das politische Bekenntnis zum Staat, das durch das Götteropfer erbracht wird. Tertullian hat darin etwas Zwiespältiges gesehen: wie könne man, wenn das Christentum grundsätzlich als nicht anerkannte Religion verboten ist, von einem Betroffenen das heidnische Opfer annehmen, dabei das christliche Bekenntnis unerheblich sein lassen? Vom Standpunkt der christlichen Glaubensdisziplin war das tatsächlich unmöglich. Aber der Jurist Tertullian hätte wissen müssen, daß der Staat gerade der »theologischen« Frage aus dem Wege ging, weil sie ihn vom Standpunkt der *politischen* Religion aus nicht interessierte. Mochte das Reskript auch seine Widersprüchlichkeiten haben, so gab es den Gemeinden doch einen Freiheitsraum, innerhalb dessen eine »innerkirchliche« Betätigung möglich war. Anderseits war die Entscheidung ganz den lokalen Behörden überlassen, was einen Faktor der Unsicherheit schuf. Denn wenn der Statthalter von sich aus nicht nach Christen fahnden sollte, *namentlichen* Anzeigen sollte er auf jeden Fall nachgehen. Diese konnten aber aus den verschiedensten Anlässen erfolgen. Denn die meisten Denunziationen kamen aus der Bevölkerung, die über die Christen, von deren »geheimen« Bräuchen sie kaum Zuverlässiges wußte, die abenteuerlichsten Behauptungen verbreitete. Eine Krankheitsepidemie, eine Naturkatastrophe, Hungersnöte oder anderes Unheil genügten oft, um den Christen die Schuld hierfür zuzusprechen. Wurden sie zur Anzeige gebracht, war es dem Statthalter, auch wenn er persönlich von der Sinnlosigkeit der Anklage überzeugt war, kaum möglich, die Kläger zurückzuweisen, wollte er sich nicht dem Verdacht der Begünstigung aussetzen. So haben während der Regierung Traians und seiner Nachfolger viele Christen ihr Leben lassen müssen. Auch so angesehene Männer wie Ignatius von Antiochien, Polykarp von Smyrna und Justin haben damals den Märtyrertod erlitten. Die Verfolger griffen zuerst nach dem Klerus, um die Gemeinden führerlos zu machen. Vereinzelt fanden auch größere Aktionen statt, von denen ganze Gemeinden betroffen wurden. Wenn auch die später gesammelten Märtyrerakten kein absolut authentisches Material bringen, so waren die Fälle, in denen die Behörden zugriffen, grausam genug. Neben der Hinrichtung von zwölf Männern und Frauen in Scili (Nordafrika) stehen an erster Stelle die Blutopfer von Lyon (und Vienne), wo das aufgewiegelte Volk die Behörden zum Einschreiten zwang. Die Ergriffenen haben furchtbare Folterungen erleiden müssen, bevor man die entsetzlich zerfleischten Körper den Bestien in der Arena zum Fraß vorwarf oder auf einem glühenden eisernen Stuhl verbrannte. Die Kirche hat denen den Märtyrertitel beigelegt, die als Zeugen Gottes für Christus den Tod erlitten und damit den anderen zum Vorbild wurden. Der Märtyrertod war die Krönung eines Glaubenslebens.

Nicht alle Christen boten das Bild mutiger Standhaftigkeit. Viele, vielleicht sogar sehr viele, wurden schwach, leisteten das Opfer, mitunter mit dem Hintergedanken, daß es doch erzwungen sei und die wahre Gesinnung nicht bekunde. Man müsse so handeln, um das Leben zu retten. Das war gewiß nicht im Sinne des christlichen Opferverständnisses. Aber man wird bedenken, daß die Gemeinden gerade in jener Zeit von den furchtbarsten Versuchungen heimgesucht wurden, die den inneren Zusammenhalt mehr erschütterten als alle blutigen Verfolgungen. Die Gnosis, die wie ein korrosives Gift die Gemeinden durchsetzte, lehnte jedes Martyrium ab. Das Leben war dem Gnostiker wichtiger als der Tod. Anderseits haben die Montanisten, die das Martyrium als höchstes Ziel priesen, eine Martyriumssucht erweckt, die fast ins Pathologische ging und die Gemeinden verwirrte. Es scheint wie ein Wunder, daß sie durch diese Erschütterungen ihres inneren und äußeren Lebens nicht völlig der Auflösung verfielen.

Trotzdem wird man die Zahl der Opfer nicht übertreiben dürfen. Es gab weite Gebiete des Reiches, die von den Verfolgungen unberührt blieben, und man wird, aufs Ganze gesehen, sagen müssen, daß die Christen im 2. Jahrhundert im wesentlichen ruhiger lebten, wenn auch überall zwischen Duldung und Hoffnung.

Dieser Schwebezustand änderte sich auch nicht, als die »Philosophen« auf den Cäsarenthron kamen. Dennoch haben die Regierungen der Kaiser von Hadrian bis Marc Aurel auch ihre positiven Wirkungen auf die Kirche gehabt. Mit *Hadrian* (117–138) begann eine geistige Wende. Den griechisch gebildeten Mann, der Plato und Epiktet las, leitete das Ideal des hellenistischen Monarchen. Das alte Athen brachte er wieder zu Ehren, indem er es mit prächtigen Bauten versah, ein völlig neues Stadtviertel schuf und das grandiose Projekt des Antiochus Epiphanes, den Zeustempel zu Füßen der Akropolis, vollendete. Er ließ sich dafür mit sakralem Beiwerk als Olympier verehren und in die Eleusinischen Mysterien einweihen. Jenseitsglaube, Sehnsucht nach Unsterblichkeit und Einssein mit Gott haben hier mitgesprochen. Hadrian glaubte, den kulturpolitischen Pendelschlag der Zeit zu erkennen. Er sagte der bisherigen imperialistischen Eroberungspolitik ab, schuf Frieden an allen Grenzen, sogar durch Landabtretungen. Das auf der Basis eines Panhellenismus ruhende Reich sollte Ost und West zusammenschließen. Unaufhörlich war er auf Reisen, um sich eine genaue Kenntnis des Landes zu verschaffen. Dabei begleitete ihn, neben der ungeliebten Gemahlin, die u.a. allzu vertraulich mit dem Historiker Sueton verkehrte, ein griechischer Jüngling namens *Antinous,* den er schwärmerisch verehrte und den der Kinderlose gern zum Thronfolger gemacht hätte. Als der reizende Jüngling auf einer Reise nach Ägypten im Nil ertrank, war der Kaiser untröstlich; hatte er doch mit ihm eine Art Adonis-Kult getrieben.

Hadrians griechenfreundliche Kulturpolitik galt der Philosophie samt ihren Nebentrieben in den östlichen Mysterienreligionen. Eine Art hellenistische Renaissance setzte ein, die auch zum Schrittmacher des Christentums wurde. Hadrian hat sich kurz vor seinem Tode ein Grabdenkmal jenseits des Tiber errichten lassen, die später von den Päpsten als Zuflucht benutzte Engelsburg. Ein Tempel, den er in Rom baute, bildet heute einen Teil der Börse.

Mit *Marc Aurel* (161–180), Hadrians zweitem Nachfolger bestieg die stoische Philosophie den Thron. Sie hatte ihre politische Wandlungsfähigkeit bewiesen, indem sie von einem demokratischen Staatsideal, das sie an die Seite des oppositionellen Senats getrieben hatte, unter den »guten« Kaisern wieder in das monarchische Lager eingeschwenkt war. Wenn Marc Aurel, wie Hadrian, keine Sympathien für die Christen zeigte, so wollte er doch als Philosoph keine Märtyrer schaffen. Seine »Selbstbetrachtungen«, eine Art philosophisches Tagebuch, sind kein besonders tiefsinniges Werk, vielmehr das Diarium eines einsamen Grüblers, das den Preußenkönig Friedrich II. aus seiner eigenen Seelenlage heraus tief ergriff. Nur ein Satz aus dieser Lebensweisheit mag angeführt werden: »Dieses winzige Stücklein Zeit gilt es im Einklang mit der Natur zu durchschreiten und heiter abzuscheiden, wie wenn eine Olive, reif geworden, herabfällt, indem sie die Mutter preist, die sie getragen, und dem Vater Dank weiß, der sie erzeugt hat.« Man versteht, daß ein Satz so abgeklärter Weisheit auch die christlichen Stoiker nachdenklich stimmte.

Die Krisis des Reiches und die Kirche

Wenn man die spätrömische Geschichte allein nach der Reihe ihrer Herrscher beurteilt, bedeutet der Tod Marc Aurels einen tiefen Einschnitt. Man hat sogar von einem Untergang des Römertums gesprochen. Sein Sohn und Nachfolger *Commodus* (180–192), der nichts von dem intellektualistischen Glauben des Vaters an eine sinnvolle Weltordnung besaß, ist von der Nachwelt nur mit negativen Zensuren bedacht worden. Besonders ist bei dem politisch unfähigen Herrscher seine geradezu an Wahnsinn grenzende religiöse Schwärmerei getadelt worden. Es besteht kein Grund, diesen Zug zu dämpfen. Aber was bei Commodus an religiöser, fast pathologischer Ausschweifung zutage trat, war der Ansturm des Ostens, dem sich auch die westliche Welt fast willenlos ergab. Einer Epoche der Vernunft, wie sie der Stoiker Marc Aurel erhoffte, folgte ein Zeitalter des Glaubens. Die Magie des Ostens eroberte den Westen mit suggestiver Gewalt. Asien griff nach Europa, und das alte Römertum, das Augustus retten wollte, wurde sein Opfer. Einst hatten die Griechen unter Alexander den Osten überrannt. Rom war die stolze Erbin dieses Sieges. Aber in mehreren Ansätzen holten die einst Unterlegenen zum Gegenangriff aus. Konnten sie mit kriegerischer Gewalt nichts ausrichten, so bedienten sie sich der nie rostenden Waffe des »Glaubens«. Die Götter des Orients reichten im missionarischen Fieberdrang den Söhnen des Olymps und des Kapitols den Taumelkelch ihrer mystischen Offenbarungen. Mit dem 3. Jahrhundert waren die Dämme durchbrochen. Ein Schwächling wie Commodus hißte als erster der Cäsaren die Fahne der Kapitulation. Er ließ sich in die Mysterien der kleinasiatischen »Großen Mutter« und der ägyptischen Isis, des iranischen Mithras und des syrischen Dolichenus einweihen, er nannte sich der »gottselige« Commodus und verwandelte seine

Herrscherstellung in ein hellenistisch-römisches Gottkönigtum. Er glaubte, daß in seiner kraftstrotzenden Gestalt Herkules sich noch einmal manifestiert habe, und ließ sich mit Löwenfell und Keule darstellen. Er stieg in die Arena und wetteiferte mit den Gladiatoren und zog auf die Jagd als Meisterschütze, um auch durch diese physische Wildheit seine gottähnliche Majestät zu beweisen. In seinem Palast sollen Frauen und Jünglinge wie in einem Harem gehaust haben. Zum engeren Gefolge gehörte auch die schon erwähnte Christin Marcia. Man versteht nicht recht, wie sie diesem Scheusal zu Willen sein konnte. Daß sie vielen bedrohten Glaubensgenossen durch Taktik und Fürsprache geholfen hat, wiegt nicht auf, wozu sie immerhin bereit war. Als die engere Umgebung des Kaisers sich von ihm bedroht fühlte, kam man zu dem Entschluß, ihn gewaltsam zu beseitigen. Dabei hatte auch Marcia ihre Hände mit im Spiel. Nach Verabreichung eines Giftes, das nicht gleich wirkte, rief sie einen in der Arena tätigen Ringer herbei, der den Cäsar erwürgte.

In dem folgenden Streit um die Nachfolge errang das Heer den Sieg. Das Prinzip Imperatorem facit exercitus wurde fortan bestimmend. Es begann das Regiment der Soldatenkaiser. Der neue Herrscher, *Septimius Severus* (193–211), stammte aus dem Lande Hannibals und war phönizisch-semitischen Geblüts. Schon früh hatte er hohe Ämter bekleidet. Aus der Erkenntnis, daß die privilegierte Stellung Roms mit Italien längst nicht mehr die Basis des riesigen Völkerstaates war, zog er die Konsequenzen. Nachdem er alle Rivalen rücksichtslos beseitigt hatte, begann er mit dem radikalen Umbau. Stütze seiner Macht war allein die Armee, in der es keine historisch begründeten Sonderstellungen mehr gab. Der Senat wurde völlig umgebildet. Das historische Rom dankte ab, der Orient beherrschte das Feld. Seinem geistig-seelischen Wesen nach gehörte der Kaiser völlig der östlichen Kultur an. Aus seiner punischen Heimat brachte er die dort und in Ägypten verehrten Gottheiten (Isis, Serapis, Kybele) mit. Sein Handeln wurde gelenkt von einem Schicksalsglauben, der mit der Astrologie verschwistert war. Mit seiner (zweiten) Frau Julia Domna, Tochter des Oberpriesters des Baal und des Sonnengottes Mithras in Emesa, gründete er nicht nur die afrikanisch-syrische Kaiserdynastie, sondern setzte die ins Göttliche erhobene Herrscherfamilie auch zur politisch-sakralen Schutzmacht des religiösen Synkretismus ein. Diese Götterwelt, die das gesamte Panorama einer universalen Reichsreligion ausfüllen sollte, bestand aus einem wirren Gestaltentaumel. Es waren die alten National- oder Lokalgottheiten, im kosmopolitischen Kostüm, mit neuen Namen und oft exorbitanten Anbetungsriten. Im Grunde handelte es sich bei diesem künstlich erwärmten »Polytheismus« um einen magischen Monotheismus. Denn seit langem war die Überzeugung gewachsen, daß die vielen Götter nur die verschiedenen Ausdrucksformen und Chiffren *einer* Gottheit seien. So fungierte dieser Synkretismus als Schrittmacher einer »Gleichschaltung« im Religiösen. Nur war diese »Zentralgottheit«, die niemand anzusprechen wußte, heimat- und wortlos.

Caracalla (211–217), der Sohn des Kaiserpaares, war ein abgrundtiefes Scheusal, eine ausgesprochene Verbrechernatur. Um die Herrschaft mit seinem Bruder nicht teilen zu müssen, ließ er diesen vor den Augen der Mutter ermorden. Etwa 20000 Menschen, die er der Sympathie mit dem Bruder verdächtigte, mußten ebenfalls ihr Leben lassen. Von Politik verstand er nichts. Sie überließ er seiner ehrgeizigen Mutter. Wenn er allen Bewohnern der Provinzen das Bürgerrecht verlieh, so spekulierte er allein auf besondere Steuereinnahmen. Obwohl keine Feldherrennatur, liebte er den Krieg und fühlte sich nur im Militärlager wohl. Für seine Soldaten war er bereit, jedes Geldopfer zu bringen. Trotzdem fiel er in Mesopotamien einer Meuterei zum Opfer. Die an Brustkrebs leidende Julia Domna machte darauf ihrem Leben durch Nahrungsentzug ein Ende. Aber schon rückte ihre Schwester Julia Maesa in den Vordergrund, indem sie ihren Enkel *Elgabal* (218–222) zum Kaiser ausrufen ließ. Der gerade 14jährige junge Mann war Priester des Sonnengottes in Emesa, den er – vergeblich – zum Reichsgott erheben wollte. Das Auftreten des heiligen Jünglings wirkte lächerlich, bald abstoßend. Regierungsfähig war er ohnehin nicht. Großmutter und Mutter hielten das Staatssteuer in der Hand. Als Maesa einsah, daß der Enkel nie im Volke Fuß fassen würde, mußte der damals kaum 17jährige seinen 13jährigen Vetter als Adoptivsohn annehmen und für die Nachfolge vorsehen. Es war ein makabres Spiel. Als Elgabal bald darauf, zusammen mit seiner Mutter, der Wut der Soldaten zum Opfer fiel, wurde der Vetter *Alexander Severus* (222–235) zum Augustus ausgerufen. Auch für ihn mußte seine Mutter, Julia Mammae, die Regierung führen. Sie war eine kluge, herrschsüchtige, aber auch geizige Frau. Den Sohn begleitete sie auf seinen Feldzügen gegen die Perser und gegen die Germanen. Aber Alexander war nicht der Typus eines Soldaten. Er war ein Schwächling, der zum Kompromiß neigte, den Frieden höher schätzte als den Krieg. Das war vielleicht der Grund, weshalb sich die Soldaten unmutig gegen das »Muttersöhnchen« kehrten. Eine Meuterei führten zu seiner und seiner Mutter Ermordung. Die Dynastie der Severer war an ihrem Ende.

Der orientalische Synkretismus, wie ihn die syrische Dynastie betrieb, hat auch für das Christentum eine Zeit der Ruhe gebracht. Es konnte sich nahezu ungestört ausbreiten und erreichte in größerem Maße als bisher auch die oberen Schichten. Die syrischen Kaiserinnen etwa ließen sich in ihren Salons Vorträge über das Christentum halten. Von dem letzten syrischen Kaiser, dem friedfertigen Alexander Severus, wurde berichtet, daß er in seiner Hauskapelle auch ein Bild von Christus aufbewahrt habe, wie auch von dem späteren Kaiser *Philippus* (244–249) das Gerücht umging, er sei ein heimlicher Christ gewesen, obwohl auch er nur durch die Ermordnung seines Vorgängers auf den Thron gekommen war und die Tausendjahrfeier der Stadt Rom (248) ganz im heidnischen Stil begangen hatte. So ist das Christentum trotz aller äußeren Duldung nicht zur rechtlichen Anerkennung gelangt. Es blieb auch in dieser Zeit seiner größten Ausbreitung eine »nicht erlaubte Religion«. Harte Eingriffe mancher Statthalter unterbrachen die stillschweigende Toleranz. Unter Septimius Severus kam es in Karthago und in Ägypten zu Verfolgungen, meist angestiftet von erregten Volksmassen, die eine Art Pogromstimmung entfachten.

Die Regierungszeit der Severer und die ihr folgenden Jahre der vollkommenen Militäranarchie haben den Niedergang des Imperiums nur beschleunigt. Das Reich konnte sich physisch und seelisch nicht mehr aufrecht halten. Was von der »Antike« noch sichtbar war, befand sich im völligen Siechtum. Wirtschaftlich war der Zusammenbruch offenbar. Von einem geordneten Staatshaushalt konnte seit langem nicht mehr die Rede sein. Der Geldwert sank rapide, eine trabende, bald galoppierende Inflation verzehrte die Früchte jeglicher Arbeit. Die staatliche Bautätigkeit verschleierte nur notdürftig die wahren Zustände. In den Kerngebieten sank durch Geburtenrückgang die Bevölkerungszahl. Hatte man früher durch die Eroberungskriege den Arbeitsmarkt durch Sklaveneinfuhr decken können, so entfiel jetzt diese Möglichkeit durch die rein defensive Außenpolitik. Die Bevölkerung wurde weithin zu Dienstleistungen gezwungen. Soweit der Arbeitermangel nicht zu decken war, mußten ausländische »Gastarbeiter« in immer größerer Zahl herangezogen werden, was die Durchsetzung mit Fremdvölkern zur Folge hatte. Am meisten verschlangen jedoch die Soldaten. Als man ihre Forderungen mit Geld nicht mehr befriedigen konnte, mußte man zu lukrativen Geschenken übergehen. Am gefährlichsten war die Situation an den Grenzen. Während an der unteren Donau und am Rhein germanische Völkerschaften anstürmten, hatte sich im Euphratgebiet nach der Vernichtung der Parther und der Gründung des Neupersischen Reiches unter der Dynastie der Sassaniden (226) ein neuer, überaus gefährlicher

Feind erhoben, der die Ostflanke des Reiches einzudrücken drohte.

In dieser Notlage haben die seit 249 aus Illyrien stammenden Soldatenkaiser noch einmal versucht, die Einheit des Reiches durch eine gewaltige Kräftekonzentration zu retten. Gegen die zersetzende Kraft der orientalischen Mysterienkulte richtete sich das Edikt des Kaisers *Decius* (249–251) aus dem Jahre 250, wonach alle Bewohner des Reiches, ohne Ausnahme, ein Bittopfer zu leisten hatten, worüber eine Bescheinigung ausgestellt wurde. Noch einmal sollte der Romgedanke triumphieren, der Orient unter seine Botmäßigkeit gebracht werden. Obwohl sich das Edikt nicht primär oder ausschließlich gegen die Christen richtete, mußte es diese doch am unmittelbarsten treffen. Denn die Angehörigen der nichtchristlichen Kultgemeinschaften vollzogen das Opfer ohne Skrupel. Die synkretistischen Religionen verboten es nicht. Anders war es bei den Christen. Für sie war das Opfer eine Glaubens- und Existenzfrage. Denn unweigerlich zog die Ablehnung des Opfers Verhaftung, Eigentumsentzug und Hinrichtung, günstigstenfalls Strafdeportation nach sich. Es gab Beispiele der Standhaftigkeit, mutige Bekenner, die das Martyrium auf sich nahmen. Aber nicht sie, deren Andenken in der Erinnerung der Christenheit als Heilige fortlebt, haben die Kirche durch diese größte und umfassendste Verfolgung hindurchgerettet. Die Kirche hat denen, die ein Opfer ihrer Schwachheit wurden, Verzeihung gewährt. So war die Zahl der »Abgefallenen« überaus groß. Sie sahen in dem kaiserlichen Opferzwang ein Blendwerk der Hölle, das die Zerstörung der Kirche zum Ziel habe und dem man durch den Mut der Klugheit entgegentreten müsse. Nach Cyprian, dem Bischof von Karthago, der selber sich versteckt hielt, haben sich die Massen geradezu zum Opfern gedrängt; manche erschlichen sich durch listige Täuschungsmanöver Bescheinigungen oder ließen andere auf ihren Namen opfern. Dazu kam, daß die Opferkommissionen es den einzelnen sehr leicht machten, die Zeremonie zu vollziehen. Es genügte manchmal nur eine Geste oder das Streuen von etlichen Weihrauchkörnlein, abgewandten Gesichtes, und man erhielt die Bescheinigung. Die Zahl der Märtyrer ist nicht festzustellen, weil die späteren Angaben nicht nachprüfbar oder widersprechend sind. Eine formelle Absage an den Glauben wurde nirgends gefordert.

Härter ging Kaiser *Valerian* (253–260) vor, der in der immer trostloser werdenden Lage des Reiches in weiteren Edikten sich direkt gegen den christlichen Klerus kehrte, ihm das Abhalten von Gottesdiensten verbot, von ihm das Staatsopfer verlangte und zur Konfiskation von Kirchengütern schritt. Wieder gab es Märtyrer.

Aber alle diese Maßnahmen vermochten wohl die Gemeinden zu zermürben, jedoch nicht auszulöschen. Überdies war das Vorgehen der Behörden keineswegs einheitlich. Schon der Sohn Valerians, *Galienus* (260–268), schlug eine andere, mehr tolerante Taktik ein, die einer Anerkennung des Christentums fast gleichkam.

Tatsächlich war der unter vielerlei Namen auftretende *Sonnengott* Sieger. Er übte eine Zaubermacht auf die Soldaten aus, auf deren Schultern doch die Last des Kampfes um Rom lag. Das hat Kaiser *Aurelian* (270–275) erfahren, als er gegen das kleinasiatische Reich der Königin Zenobia auszog. Als er vor Emesa, der alten Kultstätte des Sonnengottes, den palmyrenischen Truppen gegenüberlag, soll eine Lichterscheinung des Sol invictus ihm den Sieg zugesprochen haben. Zenobias Truppen wurden geschlagen, die Königin gefangengenommen, Aurelian zog in Emesa ein und huldigte dem Sonnengott, der sich zu Rom bekannt hatte. Dort ließ er dem Gott zu Ehren einen Tempel errichten. *Mithras* war zum *Reichsgott* der Römer geworden.

Der Endkampf

Auch Aurelian, der als Wiederhersteller des Reiches gepriesen wird, wurde ermordet. In den folgenden neun Jahren haben noch sieben Kaiser mit wechselndem Glück regiert, bis *Diocletian* (284 bis 305) die Geschichte des alten Rom, das längst nicht mehr das klassische war, zum Abschluß brachte. Auch er war ein Illyrier, aus Dalmatien, und im Heer aufgewachsen. Er fühlte sich dem Romgedanken verpflichtet und wollte vollenden, was Aurelian begonnen hatte. So diente sein Werk der Restauration und mußte daher in Konflikte geraten, an denen es letztlich gescheitert ist.

Nach einigen militärischen Unternehmungen, die den Grenzschutz sicherten, konnte er an die »innere« Reformarbeit gehen. Im Mittelpunkt stand der Neubau der Reichsverfassung. Bedeutsam wurde die von Diocletian eingeleitete Machtverteilung. Um die Gefahrenstellen des Reiches besser unter Kontrolle zu halten, ernannte er seinen Jugendfreund und Kriegskameraden, den aus Pannonien stammenden *Maximian*, zum Mitregenten, bald mit dem Titel Augustus. Es gab also zwei Kaiser. Maximian sollte über den Westen, mit der Residenz Mailand, herrschen, Diocletian von Nicomedien aus über den Osten. Diocletian brauchte nicht zu befürchten, daß sein Mitaugustus ihn einmal stürzen würde. Da beide Männer ohne Stammbaum waren, griffen sie in den antiken

Götterhimmel: Diocletian nannte sich Jovius, Maximian Herculius, womit schon eine Unterordnung unter den Abkömmling Jupiters ausgedrückt war. Aber damit nicht genug. Diocletian war der Meinung, daß die Größe des Reiches für beide Kaiser je einen Helfer brauche. Für den Osten wählte er als Cäsar einen bewährten Haudegen namens *Galerius*, für Maximian den ebenfalls vom Balkan stammenden *Constantius Chlorus* (= der Bleiche). Beide sollten einmal ihren Augusti nachfolgen. Um sie auch verwandtschaftlich enger an ihre Oberherren zu binden, erhielt Galerius nach Entlassung seiner ersten Frau des Diocletians Tochter Valeria zur Gattin; Constantius, der bisher in freier Verbindung mit einer Schankwirtin Helena gelebt und mit ihr einen Sohn, den späteren Kaiser Konstantin, gezeugt hatte, verstieß diese und heiratete die Stieftochter des Maximian, Theodora. Beide Cäsares waren also Schwiegersöhne ihrer Augusti. Galerius hatte das slowenische Sirmium, Constantius Trier zur Residenz. Rom, die alte politische Zentrale, war stillschweigend ausgeklammert. Mit dieser Machtverteilung hing zusammen eine Neuorganisation der Provinzen. Sie wurden verkleinert, dadurch ihre Zahl auf 96 erhöht und der Kontrolle von Oberbezirken (12 Diözesen) unterstellt. Der Senat wurde aus der Reichsverwaltung völlig ausgeschaltet, ein nach militärischen Prinzipien diszipliniertes Beamtenheer führte im strengen Instanzenzug in Provinzen und Diözesen die Aufsicht. Zugleich zeigte sich der Staat als größter Bauherr: an der Spitze stand die Errichtung von Badeanstalten und Sportstätten; es folgten militärische Zweckbauten, denn auch das Heer wurde um das Vierfache vermehrt. Das alles kostete natürlich Unsummen von Geld. Ein neues Steuersystem, drastisch durchgeführt, belastete vor allem den kleinen Grundbesitzer und Pächter, der sich nicht durch Steuerprivilegien zu schützen vermochte. Um den fortschreitenden Währungsverfall aufzuhalten, wurde eine neue Münzordnung eingeführt, die allerdings keinen Nutzen brachte. Die wenigen wertvollen Goldmünzen, namentlich für die Besoldung der Soldaten gedacht, wurden gehortet, das kupferne Kleingeld sank weiterhin an Kaufkraft. So war man längst dazu übergegangen, alle Zwangsabgaben in Naturalien – Getreide, Rohstoffe, Manufakturen – zu leisten. Um den kaum einzudämmenden Preisauftrieb zu stoppen, hatte Diocletian einen Tarif für Höchstpreise festgesetzt, der natürlich trotz der angedrohten Strafen von geschickten Geschäftemachern immer wieder umgangen wurde. Von Freiheit konnte in dieser bis zum Äußersten gesteigerten absoluten Militärdespotie nicht die Rede sein, der Todeskampf des Reiches höchstens noch ein wenig verlängert werden.

Diocletian war kein Romantiker, schon gar nicht ein religiöser Enthusiast. Wenn er den Beinamen Jovius annahm, so sollte das heißen, daß sein Kaisertum im altrömischen Sinne unter dem Schutz Jupiters stehe. Daß dieser Gott in den Vorstellungen der damaligen Menschen, vornehmlich der Soldaten, im Lichte der Symbolkraft des Sol invictus verstanden wurde, kümmerte ihn wenig. Es war seine Überzeugung, daß die »unsterblichen Götter dem römischen Namen gnädig und gewogen bleiben«, wenn alle Menschen, »die unter unserer Herrschaft stehen, ein frommes, ruhiges und reines Leben führen«. Das in den letzten Jahrzehnten mächtig gewachsene Christentum hat Diocletian stillschweigend geduldet. Am Hofe, in der Beamtenschaft, im Heere befanden sich viele Christen. Seine Gemahlin Prisca, seine Tochter Valeria, Gemahlin des Galerius, und Theodora, Stieftochter seines kaiserlichen »Bruders« Maximian und Gemahlin des Constantius, galten als Christinnen. So wenig Diocletian das Christentum sympathisch war, so wenig lag ihm an einem Religionskrieg. Auch die Kirche zeigte sich versöhnlich und sah durch die Finger, wenn ihre in Staatsstellen befindlichen Glieder ihrer Gehorsamspflicht nach eigenem Ermessen den Rahmen zogen. Ganz anders verhielt sich Diocletian zu einer aus Persien kommenden Lehre, die mit dem Anspruch einer Weltreligion auftrat. Ihr Stifter *Mani* (ca. 216 bis 276), aus einer iranischen Herrscherfamilie, war zu der Erkenntnis gekommen, daß alle bisherigen Religionen nur eine räumlich beschränkte Wirkung gehabt hätten. Das treffe zu für Buddha, Zarathustra und Jesus. Er betrachtete diese als Vorläufer seiner Lehre, die zur ganzen Welt sprechen sollte. Sein Weltbild war wie das der Gnosis ein dualistisches. Licht und Finsternis stehen im Gegensatz zueinander, das absolut Böse steht dem absolut Guten gegenüber. Auch der Mensch ist in diesen Kampf hineingerissen. Aber Gott will ihn erlösen, indem er seinen Gesandten schickt und den Weg zeigt, auf dem der Mensch von den Fesseln der Finsternis befreit wird, damit das Licht in ihm zum vollen Leuchten kommen kann. Das geschieht durch eine radikale Askese, Lösung von allen materiellen Bindungen. Die historischen Elemente des Christentums waren ihm nur Symbole für die Bestätigung seines Weltmythus von dem »Vater der Größe«, dessen Lichtfunke in der Menschenseele nach Erlösung schreie. Zur Zeit der Neugründung des Sassanidenreiches begann Mani seine Missionstätigkeit. Aber nach 30jähriger Arbeit stieß er auf den Widerstand des alten persischen Priesteradels. Er wurde festgenommen und nach kurzem Prozeß gekreuzigt. Erst nach seinem Tode hat der Manichäismus durch seine Anhänger seine Ausgestaltung erfahren und sich im 4. Jahr-

hundert im Westen bis nach Nordafrika, im 6. Jahrhundert im Osten bis nach China ausgebreitet. Der junge Augustin hat seine Wirkungen in seiner eigenen Frühentwicklung erfahren.
Obwohl in Persien bekämpft, sah Diocletian im Manichäismus die Lehre des Landesfeindes, der sich mit »böswilliger Hartnäckigkeit« daranmache, »das bescheidene und ruhige römische Volk . . . mit seinem Gift anzustecken«. Dazu kam der nicht ganz unbegründete Verdacht, daß die manichäischen Missionare auch als politische Agenten auftreten. So hat der Kaiser mit einem Edikt 297 den Kampf gegen den Manichäismus mit voller Wucht und grenzenlosem Haß eröffnet. Denn, so sagte er: »Des größten Verbrechens macht sich schuldig, wer sich dem widersetzt, was einmal von den Vätern festgelegt wurde und seinen sicheren Platz und Weg hat. Darum ist es mein unerschütterlicher Wille, den verkehrten Eigensinn nichtswürdiger Menschen zu strafen.
Konnte der Manichäismus auch nicht mit dem Christentum gleichgesetzt werden, so hat der Kaiser doch 299–301 eine Reinigungsaktion im Heere befohlen. Alle Soldaten wurden zum Opfer gezwungen. Wer es verweigerte, sollte aus dem Heer ausgestoßen werden. Die Prozedur ist unblutig verlaufen. Aber es gab Kräfte unter den hohen Offizieren und Beamten, die auf eine radikale Ausrottung des Christentums drangen. Die Kirche war ihnen zu mächtig geworden, fast ein Staat im Staate. Bei vielen hatte auch das zu selbstbewußte Auftreten des Klerus Zorn erregt. Galerius gehörte zu denen, die die Vernichtung der Kirche wollten. Sein militärischer Sieg über die Perser hatte ihm hohes Ansehen verschafft. Eine heimliche Rivalität zu dem alternden Oberkaiser mag auch bestanden haben. Ob er diesem mit der dynamischen Wucht seines Willens seine Überlegenheit hat beweisen wollen, ist ungewiß. In der Stellung zum Christentum bestand zwischen beiden nur ein Unterschied in der Taktik des Vorgehens. Diocletian war politisch klüger als der robuste Hirtensohn. Er bezweifelte, ob ein radikaler Zugriff den gewünschten Erfolg hätte. Nach langen Überlegungen und nach Befragen eines Orakels hat er schließlich doch nachgegeben. Die vier Edikte, die er vom Februar 303 bis zum Frühjahr 304 herausgab, trugen die Namen aller vier Herrscher und erstreckten sich auf das ganze Reich. Die wesentlichen, sich steigernden Bestimmungen waren: Zerstörung der Gemeinderäume, Auslieferung der biblischen und liturgischen Bücher zur Verbrennung, Aberkennung der bürgerlichen Rechte für alle, die sich zum Christentum bekannten, alle Standespersonen sollten ihre Ämter verlieren. Der nächste Schritt war die Verhaftung aller Kleriker. Als die Gefängnisse überfüllt waren, zwang man die

Priester zum Opfern. Zuletzt erfolgte der Stoß in das Laienvolk, indem alle zum Opfern gezwungen wurden. Auch diesmal wurde keinesfalls das Christentum überhaupt verboten, auch der Rechtscharakter der christlichen Ortsverbände wurde nicht aufgehoben. Die christlichen Gemeinden sollten gleichsam von innen her ausgetrocknet werden. Dazu paßte auch die Bestimmung, daß keine Todesopfer gefordert werden sollten. Das war weithin Theorie. Es war auch diesmal leicht, sich zu tarnen, etwa indem man den Behörden falsche Bücher auslieferte oder sie sonst durch geschickte Täuschungen hinterging. Dennoch war die Zahl der Märtyrer nicht gering. Viele verschwanden nach furchtbaren Folterungen in den Bergwerken oder Arbeitslagern. Die Verfolgung erstreckte sich auf das ganze Reich, wenn auch sehr ungleichmäßig. Es gab Landesteile, namentlich im Westen, die überhaupt nicht oder nur wenig zu leiden hatten. Wo die Verfolger jedoch wüteten, kam die gesamte kirchliche Arbeit zum Erliegen. Dennoch wurde der Regierung bald klar, daß das Christentum nicht niederzuringen war. Der Widerstand war stärker, als man vermutet hatte. Zuerst hat das Diocletian eingesehen. Vielleicht hat die Erkenntnis des Fiaskos seiner Religionspolitik, neben schwerer Krankheit, mit dazu beigetragen, im Mai 305 die Regierung niederzulegen und seinen westlichen Mitaugustus zu bewegen, das gleiche zu tun. An ihre Stelle rückten die bisherigen Cäsaren Galerius und Constantius. Als Helfer wählten sie nicht ihre Söhne. Zwei Günstlinge des Galerius wurden zu Cäsaren ernannt: Maximin Daja und Severus.

Constantius hat seine Herrschaft nur kurze Zeit ausgeübt. Auf einem Feldzug nach England ist er, schwer erkrankt, 306 in York gestorben. Bei ihm weilte sein Sohn Konstantin (aus der Verbindung mit der verstoßenen Helena), der als Geisel vom Hofe des Galerius geflohen und zum Vater geeilt war. Vom Heer zum Feldherrn ausgerufen, trat er die Nachfolge des Vaters als Augustus an. Er mußte freilich noch viele Jahre um seine Stellung kämpfen. Das von Diocletian aufgestellte Herrschaftssystem war völlig zusammengebrochen. Zeitweilig gab es sechs Augusti, die um die Macht verbissen rangen. Für die Christen des Westens war die Ruhe eingekehrt, während im Osten der Kampf mit unverminderter Härte weiterging. Aber auch des Galerius Tage waren gezählt. Unheilbare Krankheit hatte ihn niedergeworfen. Spannungen mit Maximin Daja, der es nicht abwarten konnte, Augustus zu werden, hatten seine Willenskräfte zermürbt. Das Auf und Ab dieses politischen Ringens spiegelte sich in den Schwankungen der Religionspolitik wider. Es war *Licinius,* den er an die Stelle des von ihm nie anerkannten Konstantin zum Augustus des Westens erhoben hatte, der die aussichtslose Lage des Kampfes gegen die Kirche klar erkannte. Es gelang ihm, Galerius fünf Tage vor dessen Tode 311 die Unterschrift unter ein Toleranzedikt abzuringen, das der Christenverfolgung im ganzen Reich ein Ende setzte. Nur mühsam war in dem verklausulierten Text das Eingeständnis der Niederlage verdeckt. Alle Maßnahmen hätten nur den Zweck gehabt, »die Christen zur guten Gesinnung zurückzuführen«. Aber ihr Trotz habe es nicht dazu kommen lassen. Weil sie aber weder den Göttern die schuldige Verehrung darbringen wollten noch jetzt (durch die Verfolgungen) dem Christengott dienen könnten, »haben wir beschlossen, den Segen der Verzeihung« auf sie zu erstrecken, »damit sie wieder Christen sein und ihre Gemeinden errichten können, vorausgesetzt, daß sie sich nicht gegen die staatliche Ordnung vergehen«. Nach Einzelanweisungen für die Statthalter hieß es zum Schluß: »Entsprechend unserer Erlaubnis sollen die Christen zu ihrem Gott für unsere, des Staates und ihre eigene Wohlfahrt beten, damit die Unversehrtheit der Res publica allseits verbürgt ist und sie unbesorgt in ihren Wohnsitzen leben können.«

Obwohl unter Maximin Daja, der nach dem Tode des Galerius zum Oberkaiser aufgestiegen war, noch einige Martyrien stattfanden, ging doch ein Freudenschrei durch die Christenheit. Der Abbruch der Verfolgung konnte nicht mehr rückgängig gemacht werden. Anderseits bedeutete die wiedergeschenkte Freiheit noch nicht die weiterhin erwartete rechtliche Anerkennung.

Die Reichskirche

Der Aufstieg Konstantins

Als Konstantin die Nachfolge des Vaters antrat, stand ihm als Ziel die Erlangung der Alleinherrschaft im Reich vor Augen. Er wußte jedoch, daß er sie niemals im Kampf gegen die Kirche erreichen würde. Die Kirche war ihrerseits wiederum bereit, sich mit einem Herrscher zu verbünden, der ihren Rechtsanspruch zu erfüllen bereit war. Aber noch waren viele Schwierigkeiten zu überwinden, mußte auch noch viel Blut fließen, bis das erreicht war und

die in vielen Köpfen lebende Losung sich verwirklichte: ein Kaiser, ein Reich, eine Kirche.
Seine frühe politische Erziehung hatte Konstantin (geboren etwa um 285) am Hofe Diocletians erhalten. Sein Verlöbnis mit der damals erst dreijährigen *Fausta*, der Tochter Maximians, deutete auf eine vielversprechende politische Laufbahn hin. Aus dem gleichzeitigen Verhältnis mit einer Konkubine ging um 306 ein Sohn namens Crispus hervor, der später durch die Hand des Vaters sein Leben verlor. Es wurde schon erwähnt, daß der argwöhnische Galerius nach der Abdankung Diocletians und der Erhebung des Constantius zum Augustus alles daran setzte, Konstantin in Nicomedia festzuhalten. Als es diesem dennoch gelang, zu fliehen und nach dem bald eingetretenen Tod des Vaters dessen Thron zu usurpieren, begann der Kampf um die Macht.
Galerius hat Konstantin nur als Cäsar gelten lassen wollen und den bisherigen Cäsar Severus zum Augustus gemacht. Die auf den Zufall des Blutes gegründete Erbdynastie war weiterhin verworfen. Das Adoptivsystem, das die nach dem Grad der Tüchtigkeit erwählten »Söhne« durch einen sakralen Akt zu Angehörigen eines göttlichen Stammbaums machte, bestimmte allein die Thronfolge. Konstantin hatte dieses Prinzip durchbrochen. Seinem Beispiel folgte Maxentius, der Sohn des Exkaisers Maximian, der sich in Rom zum Augustus ausrufen ließ. Er konnte seine Stellung – mit Hilfe des Vaters – in Italien und Afrika behaupten. Severus, den Galerius gegen ihn schickte, mußte aufgeben und wurde ermordet. Als der alte Maximian auch wieder Geschmack am Regieren bekam, stieß ihn der Sohn von sich. Er floh zu Konstantin, der seine Tochter Fausta zur Frau nahm, sich von dem Schwiegervater feierlich in die Dynastie der Herculier aufnehmen ließ, dann aber den unruhigen Alten beseitigte. Anstelle des ermordeten Severus hatte Galerius einen seiner Waffengefährten, *Licinius*, zum Augustus ernannt, der aber nur in den Donauprovinzen Fuß fassen konnte. Nach des Galerius Tod schlug für Konstantin die Stunde, mit Maxentius abzurechnen. Im Jahre 312 fiel er in Italien ein, gelangte in harten Gefechten bis vor Rom, wo die Entscheidungsschlacht (28. Oktober 312) stattfand. Maxentius fand im Tiber den Tod. Konstantin war jetzt Kaiser des Westens. Mit Licinius, der schon vorher die Verbindung mit ihm aufgenommen hatte, traf er sich im Februar 313 in Mailand. Konstantin gab ihm zunächst seine Stiefschwester Constantia zur Frau, wobei der zur Vaterschaft nicht mehr recht taugliche Bräutigam von seiner Gemahlin die Adoption eines mit einer Sklavin gezeugten Sohnes verlangte. Konstantin, der mehr auf den politischen Taxwert der Ehe blickte,

stimmte zu. Dann einigten sich beide über die gemeinsame künftige Religionspolitik. Von einem neuen Edikt wird man nicht sprechen können. Es ging um Richtlinien für die Durchführung des Ediktes des Galerius. Der Inhalt der Abmachungen spiegelt sich wider in einem Dekret des Licinius. Zwei im Wortlaut leicht voneinander abweichende Ausfertigungen liegen vor: eine in griechischer Sprache von dem Kirchenhistoriker Eusebius, die andere in lateinischer Sprache von dem christlichen Schriftsteller Lactantius. »Wir haben«, so hieß es in dem Dekret, »vor allem das anordnen zu müssen geglaubt, was die Verehrung der Götter betrifft, indem wir sowohl den Christen wie allen anderen freie Wahl gewähren, die Religion zu befolgen, die ein jeder will, damit die Gottheit auf dem himmlischen Thron – was auch immer ihr Wesen sei – uns und allen Untertanen gnädig und günstig sei.« Klar und eindeutig folgten dann die Bestimmungen über den künftigen Rechtsstand der Kirche. Ihr sollten ihre früheren Versammlungsräume sowie ihr sonstiges Eigentum bedingungslos zurückgegeben, der Klerus mit dem heidnischen Priestertum gleichgestellt und mit den gleichen Vergünstigungen bedacht werden. Ferner sollte die Kirche als »Körperschaft der Christen« gelten und von den Behörden entsprechend behandelt werden. Damit war für die Kirche eine völlig neue Zeit angebrochen. Nachdem Licinius auch Augustus des Ostens geworden war – Maximin Daja hatte er besiegt –, konnte auch der Osten frei atmen.

Zwischen Konstantin und Licinius konnte es jedoch keinen Frieden von Dauer geben. Die Spannungen wuchsen, als Licinius entgegen der vereinbarten Religionspolitik gegen die Kirche mit schikanösen Verboten vorging. Konstantin fand eine Gelegenheit zum Eingreifen, zwang Licinius zur Abdankung und ließ ihn schließlich als Reichsfeind hinrichten. Mit allen »Schuldigen« wurde erbarmungslos abgerechnet.

Konstantin hatte sein Ziel erreicht. Er war Alleinherrscher im gesamten Reich (324). Auch die Kirche konnte jubeln. Sie hatte nun den christlichen Kaiser.

Der christliche Cäsar

Konstantin hatte der Kirche nicht nur Frieden geschenkt und die rechtlichen Grundlagen für ihre Freiheit geschaffen, er hat sie über die Gleichstellung mit allen anderen Kulten hinaus bevorzugt behandelt, sie gefördert, überreich beschenkt und ihren Klerus zu einem angesehenen, privilegierten und geschützten Stand erhoben.

Er, der Laie, der der Kirche nicht angehörte, bis zum Ende seiner Regierung auch noch immer pontifex maximus war und sich erst auf dem Sterbebett taufen ließ, hat dennoch tief in das Leben der Kirche eingegriffen und entscheidend mitgeholfen, daß die Kernstücke ihres Glaubens die erste verbindliche Lehrgestalt erhielten. Fragt man nach den Motiven dieses Handelns, so ist der enge Zusammenhang mit seiner politischen Aktivität nicht zu übersehen. Die Erfahrungen hatten ihn gelehrt, daß der Neubau des Reiches auf der Machtbasis eines absoluten und universalen Herrschertums ohne die Mitwirkung einer den Bau tragenden, organisationsfähigen geistigen Kraft nicht möglich sei. Die politische »Theologie« der Antike, der er, wenn auch mehr aus traditionellen Gründen, sein Opfer gebracht hatte, war tot. Dem zur großen Verführungsmacht gewordenen Sonnenkult, der in der umgefärbten Garderobe der alten Götter auch bei den Römern sein Glaubens- und Heilsdrama aufführte, mangelte es gerade an der Kraft, die das Christentum besaß: er konnte nicht Kirche werden. Das Christentum wiederum wollte nicht mystische Sekte sein. Als Kirche, die in der gesamten Öffentlichkeit wirken wollte, brauchte sie das positive Gegenüber: den um die Wurzel seiner Existenz wissenden und auf die Kirche zuschreitenden Staat. Auf dieser Erkenntnis beruhte im Grunde die epochale Wende, die Konstantin einleitete. Ihr Ziel: die Universitas Christiana des Mittelalters. Die Frage, wie der Kaiser selber, mit seinem persönlichen Glauben, den von ihm gewollten Umschwung begleitet hat, kann nur sehr indirekt beantwortet werden. Sein Weg von der religiöspolitischen Staatsideologie zum Christentum führte über den Kult des Sol invictus. Zur gleichen Zeit löste er sich von der himmlischen Hercules-Dynastie und proklamierte die Herkunft seines Vaters von Claudius II. (268–270), der die Goten in der Nähe seines Geburtsortes besiegt hatte. Der Sonnenkult, der den Synkretismus, die Verschmelzung aller Gottheiten in sich, bis zum äußersten getrieben, hat dadurch wiederum am stärksten dem Monotheismus, dem Glauben an einen Deus summus, vorgearbeitet und wurde für Konstantin die Brücke zum Verständnis des Christentums. Dazu kam, daß der Mithraskult so viele Anklänge an Formen des Christentums hatte, daß die Unterschiede sich für viele verwischten. Es gab auch dort eine Taufe, ein heiliges Mahl, Fastenzeiten und sonstige asketische Übungen; auch der Mithrasdiener schlug das Kreuz und weihte die Neulinge zu Streitern im Kampf des Lichts mit der Finsternis. Ebenso sprach man von Wiedergeburt, Erlösung und Auferstehung. Diese Kulthandlungen gingen den Soldaten als Streitern im Heere des Lichts besonders leicht ein. Für den Menschen der Antike war ein Staat ohne Religion undenkbar. Das war auch die Überzeugung Konstantins. Da die falsche Religionspolitik der letzten beiden Jahrzehnte den Staat an den Rand des Abgrunds gebracht hatte und die alte römische Staatsreligion nicht mehr erneuert werden konnte, schritt Konstantin zu der Verehrung der einen, über allen anderen Kulten stehenden, diese aber nicht verneinenden »Gottheit«. Aus dieser Einsicht heraus ist das Mailänder Toleranzmanifest entstanden. Schon vorher, als er gegen Maxentius zog, soll Konstantin auf die Schilde seiner Soldaten ein Zeichen gesetzt haben: ein schrägliegendes Kreuz, in der Mitte durchschnitten von einem Stab, an dessen oberen Ende ein Öhr war. Man hat es später als das Monogramm Christi gedeutet. Schon bald danach (315) schrieb Euseb im 9. Buch seiner Kirchengeschichte, der Kaiser habe den Sieg an der Milvischen Brücke erlangt, nachdem er im Gebet zum Himmelsgott und seinem Logos Jesus Christus darum gebeten habe. Nach dem Tode Konstantins wußte der Kirchenhistoriker noch mehr zu berichten. Der Kaiser habe ihm selbst anvertraut, in den Tagen vor der Schlacht an der Milvischen Brücke sei ihm und dem Heere am Mittag über der Sonne ein Lichtkreuz mit der Umschrift erschienen: Durch dieses siege (In hoc vince). In der Nacht darauf sei ihm Jesus mit dem Lichtkreuz in der Hand erschienen und habe ihn aufgefordert, dieses Zeichen als Schutzmittel herzustellen. So sei dieses Labarum, die Standarte der kaiserlichen Leibwache, mit dem Monogramm Christi angefertigt worden. – Hinzugefügt sei noch, daß auch Lactantius in seiner Schrift »Vom Ende der Verfolger« einen nicht weniger panegyrischen Beitrag zur christlichen Deutung des konstantinischen Feldzeichens geschrieben hat, der nicht weniger legendarisch ist als der des Euseb. Aber wie immer es um den »Wahrheitskern« dieser Berichte stehen mag, die christliche Überlieferung hat mit jenen Vorgängen die »Bekehrung« Konstantins in Zusammenhang gebracht. Der einzige, der davon wenig empfand, war Konstantin selbst. Denn die Auffassung von einem »inneren« Christentum, das vom Herzen aus das Leben lenkt, war ihm fremd. Religion, Staat, Kultur waren in seinem Denken und Handeln drei einander bedingende Potenzen, der »Glaube« keine spezifisch religiöse Erlebnisform. Seine Hinkehr zum Christentum war durchaus ernsthaft, kein taktisches Spiel, aber ohne theologischen Tiefsinn. Je mehr er die Bedeutung der Kirche für seine Reichspolitik erkannte, schwanden auch die zunächst noch beibehaltenen Formen des Mithraskults (Denkmäler, Münzen), aber die Symbolsprache des Sol invictus blieb. Geblieben ist auch der Kaiserkult, jetzt besonders gefördert durch die um den Herrscher sich scharenden Hoftheologen. Man kann den dankbaren Jubel verstehen, den der Episkopat dem Kaiser entgegenbrachte. Als der Bringer des Heils, des Lichts, als zweiter Moses, als erwähltes Rüstzeug Gottes usw. wurde er allenthalben gefeiert. Und er selber empfand sich als der Vollstrecker eines göttlichen Willens. Bis in das Zeremoniell hinein ging dieses Bewußtsein seiner Würde. Diese Repräsentation übertrug er auch auf die Kirche. Sie und der Kaiser haben auf diese Weise die Grundlagen zum Cäsaropapismus gelegt, der die Kirche des Ostens in neue Fesseln schlug und in der Kirchengeschichte des Westens eine monarchische Staatsphilosophie erzeugt hat, deren Folgen bis in die neuere Zeit reichten. Tatsächlich verstand sich Konstantin, wie noch zu zeigen sein wird, als Herr der Kirche, die seinen Weisungen zu folgen habe. Als der irdische Stellvertreter der »höchsten Gottheit« war er auch nicht an die für die christlichen Untertanen geltende Ethik gebunden. Er selbst setzte sich für seine Handlungen das Recht. Was seinen politischen Zielen im Wege stand, mußte mit allen Mitteln beseitigt werden. So hat er seinen Schwiegervater Maximian und Licinius zum Tode befördert. Den Sohn des letzteren, Licinianus, der mit seinem Einverständnis bei der Mailänder Hochzeit adoptiert wurde, hat er wieder zum Staatssklaven gemacht, nach einem Fluchtversuch ausgepeitscht, zur Zwangsarbeit verurteilt und dann elend verkommen lassen. Seinen Sohn Crispus, den ihm vor seiner Ehe eine Konkubine geboren hatte und dem er seinen Sieg über Licinius verdankte, hat er umbringen lassen, weil er angeblich seiner Stiefmutter nachgestellt haben soll. Aber bald darauf mußte auch seine Gemahlin Fausta ihr Leben lassen: sie wurde in einer Badewanne erwürgt und ertränkt. Dazu kamen noch andere Mordtaten an weniger bekannten Menschen. Sie geschahen alle zu einer Zeit, als der Kaiser schon als Christ galt. Seine dämonische Wildheit machte auch vor der eigenen christlichen Gesetzgebung nicht halt. Die Anwälte der kaiserlichen Hoftheologen sahen jedoch nicht seine blutbeschmierten Hände, sondern nur den in Purpur, Gold und Edelsteinen starrenden Kaiser, den sie mit »einem Engel des Herrn vom Himmel« verglichen. Die ersten christlichen Ratgeber Konstantins waren der Ägypter Hosius, Bischof des spanischen Corduba, und Eusebius von Nikomedien (nicht zu verwechseln mit dem gleichnamigen Kirchenhistoriker). Hosius, der schon in Trier und Arles an der Seite des Kaisers weilte, vertrat mehr die staatskirchliche Richtung und war ein gewandter Kirchenpolitiker; Euseb, schon unter Licinius tätig, war eine jener geschmeidigen Prälatennaturen, denen das Lob von der Lippe springt, wenn das Herz noch unsicher ist. Beide, Hosius und Euseb, haben den Kaiser mit der von diesem rasch erlernten kirchlichen Umgangssprache vertraut gemacht und den Kurialstil zur Entwicklung gebracht.

Die Christen waren um 320 noch eine Minderheit und machten etwa ein Zehntel der Reichsbevölkerung aus. Aber der Kaiser sah nicht auf die Zahl der »Gläubigen«, sondern auf die exklusive Kirche, deren Organisation für ihn verlockend genug war, um mit ihr einen Bund zu schließen. Gleich nach dem Sieg über Maxentius wurde an ihn ein Problem der Kirchenzucht herangetragen. In Nordafrika war ein heftiger Streit darüber ausgebrochen, wie man diejenigen behandeln solle, die es während der Verfolgungen an dem notwendigen Widerstand hatten fehlen lassen. Allgemein war man der Auffassung, die Gefallenen (»lapsi«) milde zu behandeln und ihnen Verzeihung zu gewähren. Dagegen wandte sich eine kleine, aber überaus aktive Gruppe, geführt von einem jungen ehrgeizigen Kleriker, *Donatus,* seit 313 Bischof in Karthago, dem Hauptort der Streitigkeiten. Die Donatisten waren nicht bereit, Bischöfe, die dem Martyrium ausgewichen waren, als Hirten der Gemeinden anzuerkennen. Es war darüber zu einem Schisma gekommen. In Karthago standen sich zwei Bischöfe gegenüber. Das ganze Land drohte in zwei Glaubensrichtungen zu zerfallen. Beraten von seinem Vertrauensmann Hosius, hat der Kaiser zunächst dem gemäßigten, aber von Donatisten abgelehnten Caecilian als Vertreter *der katholischen Kirche* die Legitimität zugesprochen. Zu seinem Schutz bot er ihm die Hilfe seiner Beamten an. Eine von Hosius aufgestellte Liste von Namen »einiger Diener des rechtmäßigen und hochheiligen katholischen Kults«, für die der Kaiser eine Geldsumme zur Verteilung angewiesen hatte, enthielt keinen Namen von Donatisten. Die Donatisten gaben sich natürlich mit dieser kaiserlichen Parteinahme nicht zufrieden. Für sie war Caecilian unrechtmäßig Bischof geworden, weil von einem *traditor* (=Auslieferer heiliger Bücher an die Verfolger) geweiht; außerdem habe er selber keinen Mut gehabt, festgenommene Christen in ihrem Gefängnis zu besuchen. So appellierten sie an den Kaiser, sie vor gallische Richter zu stellen. Der Kaiser übergab die Sache dem römischen Bischof Miltiades. Er solle mit drei benannten gallischen Bischöfen ein Richterkollegium bilden, vor dem Caecilian mit je zehn Bischöfen der beiden Parteien zum Verhör zu erscheinen habe. In dem Schreiben an Miltiades hieß es u.a.: untragbar sei der kirchliche Zustand in der afrikanischen Herrschaft, »die die göttliche Vorsehung meiner geweihten Person aus freier Entschließung ... überantwortet« habe; »eine hartnäckig im Schlechten verharrende Rotte« finde sich da, und »sogar Bischöfe haben Zwistigkeiten miteinander«. »Ich«, so hieß es am

Schluß, »zolle der rechtmäßigen katholischen Kirche so große Verehrung, daß ich nicht will, Ihr sollt überhaupt ein Schisma oder einen Streit an irgendeinem Ort belassen.« Damit war indirekt schon eine Marschroute gewiesen. Miltiades hat das auch verstanden, indem er durch Hinzuziehung von 15 weiteren italienischen Bischöfen das angeordnete Verhör zu einer römischen Synode erweiterte. Entsprechend war auch das Ergebnis. Die Synode stellte fest, daß das Charisma auf dem Amt beruhe und nicht auf der Würdigkeit der Person. Caecilian wurde als rechtmäßiger Bischof anerkannt, Donatus exkommuniziert. Der Streit war damit nicht zu Ende. Auf eine weitere Klage der Donatisten berief der Kaiser von sich aus eine Synode nach Arles, deren Mitglieder er ernannte. Es erschienen etwa 50 Bischöfe aus seinem damaligen Reichsteil. Aber die Synode entschied nicht anders als die römische. Das Schisma wurde nur vertieft. Die Donatisten appellierten jetzt an ein weltliches Gericht, was der Kaiser ablehnte. Er mußte zugleich einsehen, daß er der schismatischen Bewegung durch große kirchliche Entscheidungen nicht Herr werden könnte. Es folgte ein langer Kleinkampf ohne durchschlagenden Erfolg. Das Schisma blieb. Die rechtmäßige katholische Kirche mußte sich schließlich mit dem Trost zufriedengeben, daß die Übergriffe ihrer Gegner als christliches Martyrium ertragen werden müßten. Die Donatisten waren zu einer bis ins 5. Jahrhundert wirksamen Untergrundbewegung geworden, die erst mit der über die gesamte afrikanische Kirche hereinbrechenden Katastrophe verschwand.
Bald mußte der Kaiser eine neue Erfahrung mit der Kirche machen. In der eben von der letzten Verfolgung befreiten Kirche des Ostens tobte ein Streit, der an die Kernfragen des Glaubens zu rühren schien.

Wer ist Jesus Christus?

Als Jesus an die Jünger die Frage richtete, was die Menschen dächten, wer er sei, und auf ihre verschiedenen Antworten dieselbe Frage an sie richtete, antwortete Petrus mit dem Bekenntnis: »Du bist der Christus, der Sohn des lebendigen Gottes« (Matth. 16,16; Mark. 8,30; Luk. 9,20). Knapper hat Paulus formuliert: »Jesus ist der Herr« (1. Kor. 12,3). Diese Bekenntnisse genügten den Christen des 1. Jahrhunderts. Je mehr aber Christentum und werdende Kirche in ihre Umwelt hineinwuchsen und von ihr befragt und in die weltanschaulichen Auseinandersetzungen hineingezogen wurden, desto mehr mußten jene Bekenntnisse interpretiert werden. Es entstand der Zwang zur Theologie und zur Dogmatik. Aus der Praxis der Kirche bildeten sich die ersten Bekenntnissätze. Das altrömische Taufsymbol, das etwa um 150 vorlag, lautete:

Ich glaube an Gott, den Vater, den Allmächtigen,
Und an Christus Jesus, seinen eingeborenen Sohn, unseren Herrn,
Der geboren ist aus dem Heiligen Geist und der Jungfrau Maria,
Der unter Pontius Pilatus gekreuzigt wurde und begraben,
am dritten Tage auferstanden von den Toten,
auffuhr in die Himmel,
sitzet zur Rechten des Vaters,
von dannen er kommen wird, zu richten die Lebendigen und die Toten;
Und an den Hl. Geist, die Hl. Kirche, die Vergebung der Sünden,
des Fleisches Auferstehung.

Aber der menschliche Geist sucht auch das zu ergründen, was der Vernunft verschlossen ist. Die Aufnahme des griechischen Denkens in die christliche Theologie, wie sie von Origenes unternommen worden war, hatte spannungsreiche Fragen hervorgerufen. Über die Natur des Erlösers und sein Verhältnis zum Vatergott gingen die Meinungen seit langem auseinander. Spekulationen der Logoslehre hatten die Geister bewegt. Antiochia, die Wiege des hellenistischen Christentums, war ein Zentrum der Auseinandersetzungen. Hier hatte um 260 *Paulus von Samosata* als Bischof gewirkt, der seinen strengen Monotheismus mit der Lehre verband, die in Jesus einen Adoptivsohn Gottes sah, in dem der Logos als unpersönliche Kraft gewirkt habe und dank seiner sittlichen Größe und Liebegesinnung zu Gott erhoben worden sei. Paulus wurde allerdings exkommuniziert, aber seine Gedanken wirkten weiter. Sein Schüler war der hochgebildete *Lukian*, der in Antiochia eine von der Kirche unabhängige Gelehrtenschule gründete. Er wurde ein Opfer der Verfolgungen (306). Aus dem rationalen Antiochia kam auch *Arius*, mit dem der dogmatische Streit auf den Höhepunkt gelangte. Arius war bereits eine in der theologischen Welt bekannte Erscheinung, als er nach Alexandria kam und dort bald zum Presbyter berufen wurde. Die ägyptische Metropole war damals eine von kirchenpolitischen Kämpfen bewegte Stadt, theologisch der Gegenpol zu Antiochia. Einst war die Stadt durch Origenes zu einer Glanzstätte der philosophischen Theologie geworden. Jetzt herrschte unter dem Erstarken der Hierarchie eine mehr konservative Richtung vor, die unter Abweisung aller philosophischen Spekulationen den kirchlichen Bekenntnisstandpunkt vertrat und die unter den orientalischen Theologen geltende Lehre, daß der Vater und der Sohn nicht wesenseins (homousios) seien, bekämpfte. Gerade diese jetzt in Ägypten abgelehnte Auffassung vertrat Arius. Dem seit 312 amtierenden Bischof Alexander schrieb er: »Der Sohn ist Gott nicht gleich und auch nicht gleichen Wesens mit ihm. Er ist vor Zeiten und Äonen durch den Willen Gottes geschaffen, doch nicht so, daß er gewesen wäre, ehe er geschaffen wurde ... Gott hat niemand, der ihm gleich oder ähnlich oder von gleicher Herrlichkeit wäre ... Christus ist ein Geschöpf aus dem Nichts.« Alexander war selber kein sattelfester Orthodoxer. In seinen jüngeren Jahren hatte die Metaphysik des Origenes sein theologisches Denken berührt, und als er im Laufe des ausbrechenden Streites mit eigenen Bekenntnissätzen herausrücken mußte, war die Schwäche seiner Position zu spüren. So hat er auch lange gezögert, einen Streit zu beginnen. Als es dann 318 doch zu einem ersten Zusammenstoß kam, mußte er zu seinem Schrecken erfahren, welch ein unbeugsamer Verfechter seiner Ansichten Arius war, der sich keineswegs in Lehrzucht nehmen und auf die amtliche Kirchendisziplin verpflichten ließ. Für die vielen Feinde und Neider, die Arius hatte, war das nur eine Gelegenheit, ältere, mehr kirchenpolitische Gegensätze mit der dogmatischen Häresie zu verknüpfen und seine Absetzung und Verbannung durchzusetzen. Aber Arius ließ sich durch solche Maßnahmen nicht einschüchtern. Auf seinen Reisen durch den Osten nahm fast die ganze theologische Bildungswelt für ihn Partei. Einflußreiche bzw. hoch angesehene Persönlichkeiten, wie Euseb von Nikomedien, der spätere Hofgeistliche Kaiser Konstantins, und Euseb, der Kirchenhistoriker, erreichten, daß zwei Synoden seine Theologie für rechtgläubig und seine Absetzung für ungültig erklärten. So bestätigt in seiner Lehre, kehrte Arius nach Alexandria zurück. Nun ging aber der Streit erst richtig los. Dem klagenden Bischof stand als Helfer ein junger Diakon zur Seite: Athanasius (295–373). Mit wuchtiger Entschlossenheit warf er sich Arius entgegen, für den in der Kirche kein Raum mehr sein dürfe. Wilde Tumulte brachen aus. Über die Grenzen Ägyptens hinaus tobte der Kampf. Der ganze kirchliche Osten stand gleichsam in Flammen. Das war die Situation, die Konstantin vorfand, als er nach dem Siege über Licinius Herr des Gesamtreiches geworden war. Er war entsetzt, nun auch in dem neuen Gebiet auf einen Brandherd zu stoßen, der die Einheit der Kirche zu verzehren drohte. Das dogmatische Problem war ihm völlig unverständlich. Wenn er glaubte, die Kampfhähne durch Ermahnungen zum Frieden zur Besinnung zu bringen, so irrte er sich gewaltig. Sein persönlicher Beauftragter Hosius hatte einen entsprechenden Brief, gerichtet »an Arius und Alexander«, überbracht. Die beiden blieben fest und ließen sich auch durch die Bitte des Kaisers, ihm durch ihre Spitzfindigkeiten keine schlaflosen

Nächte zu bereiten, nicht rühren. Schließlich kam Hosius auf den Gedanken, eine Synode nach Antiochia einzuberufen. Die arianischen Thesen wurden dort verdammt und drei Gesinnungsgenossen des Arius, unter ihnen der Kirchenhistoriker Eusebius, exkommuniziert. Von dem ominösen homousios war nicht die Rede. Die meisten Bischöfe waren mit der Materie überhaupt nicht vertraut, das Ergebnis also höchst umstritten. Für den Kaiser war das das Signal zu einem persönlichen Einschreiten. Er lud für das kommende Jahr zu einer allgemeinen Reichssynode ein, die im Sommer 325 in seiner Sommerresidenz in Nicäa stattfinden sollte.
Von den etwa 4000 Bischöfen, die es damals im Reich gegeben haben mag, sind natürlich nicht alle eingeladen worden. Der Kaiser behielt sich die Auswahl vor. Von den Geladenen kamen rund 250 mit Anhang. Vorher wurden die in Antiochia Exkommunizierten wieder in die Kirche aufgenommen. Alle reisten auf Staatskosten. Am stärksten war der unmittelbar von dem Streit betroffene Osten vertreten. Aus dem Westen kamen außer Hosius nur 4 Bischöfe (Karthago, Gallien, Kalabrien, Pannonien). Rom ließ sich durch zwei Presbyter vertreten.
Der Kaiser erwies sich als ein liebenswürdiger Gastgeber, der es verstand, die Erschienenen durch Wort und Geste für sich einzunehmen. Zugleich ließ er jedoch keinen Zweifel, daß er der Herr dieser Konferenz sei. Am 20. Mai eröffnete er persönlich die Synode. »Wie ein Engel Gottes strahlte er in der feurigen Glut seines Purpurs und dem Glanz von Gold und Edelsteinen. Alle seine Begleiter überragte er an Größe, Schönheit und Würde. Er schritt bis zur vordersten Reihe der Plätze, wo mitten in der Versammlung ein Goldsessel für ihn bereitgestellt war, und setzte sich, von seiner Begleitung umgeben, erst, als die Bischöfe ihn durch Wink dazu aufgefordert hatten.« So hat Eusebius die feierliche Intrada beschrieben. Nach der Begrüßung durch den Bischof Eusebius von Nikomedien hielt der Kaiser eine Ansprache, in der er die Anwesenden noch einmal zu Frieden und Eintracht ermahnte. Der größte Teil der Bischöfe gehörte nicht gerade zu den Intellektuellen. Es waren unkomplizierte Praktiker des kirchlichen Alltags, ohne Neigung zu theologischen Grübeleien. Dafür waren Klatschsucht und Neid unter ihnen verbreitet. So überreichten die »geliebten Brüder«, wie der Kaiser als ihr »Mitknecht« sie immerhin nannte, ihm eine Fülle von Klageschriften, die mit dem Glauben nichts zu tun hatten, sondern gegenseitige Beschuldigungen enthielten. Konstantin beachtete sie nicht, sondern ließ sie verbrennen, »damit keinem Menschen der Streit der Priester bekannt werde«. Er wußte um die Mentalität dieses Klerus, der nur durch

festen Zugriff gelenkt werden konnte. Das galt auch für die Lösung der dogmatischen Frage, in der er nur als Vermittler mitwirken wollte. Tatsächlich hatte er sich ein festes Ziel gesetzt. Die führende Hand hatte Hosius, der mit Bischof Alexander eine Formel vorbereitet hatte. Ernsthafter Widerstand war kaum zu befürchten Der »linke« Flügel befand sich in einer Minderheit. Eine von den etwa 20 radikalen Arianern aufgestellte Formel wurde sofort abgelehnt. Auch der um den wissenschaftlichen Charakter der Lehre sehr besorgte Eusebius von Caesarea fand mit seinem Vorschlag, der den Arianern sehr entgegenkam, keine Zustimmung. Als man sich endlich auf eine Formel geeinigt zu haben schien, griff der Kaiser unmittelbar ein, indem er befahl, in den Satz »gezeugt aus der usia (dem Wesen) des Vaters« das in den Verhandlungen gar nicht mehr diskutierte »homousios« einzufügen. Der betreffende Passus des nun verabschiedeten »Nicänischen Bekenntnisses« lautete: »Wir glauben an einen Gott, den allmächtigen Vater, alles Sichtbaren und Unsichtbaren Schöpfer. Und an Einen Herrn, Jesum Christum, den Sohn Gottes, gezeugt als den Eingeborenen aus dem Vater, d. h. aus dem Wesen des Vaters, Gott aus Gott, Licht aus Licht, wahren Gott aus wahrem Gott, gezeugt, nicht geschaffen, *gleichen Wesens* mit dem Vater . . .«
Wer dem Kaiser das »homousios« zugeflüstert hat, ist umstritten. Jedenfalls sollte mit diesem Begriff, der gnostischen Ursprungs ist und sich auch nicht in der Bibel findet, der weiteren theologisch-philosophischen Logosspekulation kraft der kaiserlichen Autorität ein Riegel vorgeschoben werden. Gehorsam beugten sich die Bischöfe dem Willen des Kaisers. Die Arianer wurden verdammt. Euseb von Nikomedien und der Ortsbischof (von Nicäa) Theognios, die wohl das Bekenntnis unterschreiben, aber nicht die Verdammung des Arius anerkennen wollten, mußten ihre Weigerung mit Verbannung büßen. Der Kaiser konnte mit seinem Sieg zufrieden sein. Das Nicaenum wurde zum Reichsgesetz erklärt. Triumphierend schrieb der Kaiser: »Was dreihundert (!) Bischöfe miteinander beschlossen haben, ist nichts anderes als das Urteil Gottes.« Eusebius pries das Konzil als »eine Wiederholung des ersten Pfingsten«. Alle Bischöfe und sonstigen kirchlichen Amtsträger wurden gegen Ende der Synode von Konstantin anläßlich der Feier seines 20. Regierungsjubiläums zu einem Bankett eingeladen. Wie Kaiser und Kleriker brüderlich vereint schmausend und zechend zu Tische lagen, das schien dem kulturseligen Kirchenhistoriker eine »Verwirklichung des Reiches Christi« zu sein.
Die schönen Tage von Nicäa waren bald zu Ende. Der kirchliche Alltag trat wieder in seine Rechte. Bei allem äußeren Respekt vor

dem kaiserlich befohlenen homousios dachte sich jeder dabei das Seine. Der theologisch ahnungslose Kaiser schien sich an den Gewichten der Orthodoxie verhoben zu haben. Denn bald trat Arius mit einem von den Damen des Hofes befürworteten Gnadengesuch an ihn heran und legte ein Glaubensbekenntnis vor, in dem er sich zum Nicänum bekannte. Eine 327 abermals nach Nicäa einberufene Synode – allerdings eine Lokalsynode – beschloß auf kaiserlichen Befehl, Arius wieder in die Kirche aufzunehmen. Die gleiche Gnade widerfuhr den beiden vertriebenen Opponenten. Sie erhielten wieder ihre kirchlichen Sitze. Athanasius, seit 328 Bischof von Alexandria, schäumte vor Wut und weigerte sich, Arius wieder in seine kirchlichen Ämter in Ägypten einzusetzen. Auch alle von den Arianern in Szene gesetzten Intrigen vermochten den steifnakkigen Kirchenfürsten nicht umzuwerfen. Konstantin mußte seine Standhaftigkeit und geschickte Verhandlungstaktik anerkennen. Eine Synode zu Tyrus (335) hatte direkt seine Absetzung zum Ziel. Die Synodalen konnten ihre Absicht nur erreichen, indem sie eine politische Denunziation ins Spiel brachten. Sie ließen den Kaiser wissen, daß Athanasius gedroht habe, die Getreidetransporte für die neue Hauptstadt Konstantinopel zu sperren, wenn man ihn zwinge, Arius wieder aufzunehmen. Fraglos hätte der in Ägypten auch als politische Macht anerkannte Bischof dieses Embargo verhängen können. In kurzer Zeit wäre die gesamte hauptstädtische Sozialfürsorge zusammengebrochen. Der Kaiser war tief ergrimmt. So verfügte er ohne Verhör die Absetzung des mächtigen Metropoliten und verbannte ihn nach Trier. Athanasius hat diese Reise in die Moselstadt sofort und ohne Widerspruch angetreten. Sein Lebenskampf war damit noch nicht am Ende.

Wenige Zeit später ist Arius gestorben. In Alexandria hat er trotz aller Bemühungen nicht mehr Fuß fassen können. Auf der Straße in Konstantinopel ereilte ihn der Tod (336). Er sollte im selben Jahr in die Apostelkirche von Konstantinopel aufgenommen werden. Eine Synode in Jerusalem hatte den Beschluß gefaßt. Nun war es zu spät. Aber so groß war der Haß auf den Erzketzer, daß er keines gewöhnlichen Todes gestorben sein konnte. Athanasius berichtete, Arius, der sich mit seinem Studienfreund Eusebius von Nikomedien auf einem Spaziergang befand, sei plötzlich von einer Übelkeit befallen worden und zu einem Abort geeilt. Dort sei sein Leib, wie bei dem Verräter Judas, mitten entzweigeborsten. Die inneren Organe und Eingeweide hätten sich aufgelöst, Arius sei immer mehr zusammengeschrumpft und schließlich durch die Öffnung des Aborts in die Dunggrube gestürzt.

Konstantin gehört zu den großen Wandlern der Welt. Er hat unter die Antike den Schlußstrich gezogen. Seine Religionspolitik war eine Revolution, die eine Entwicklung einleitete, die im sogenannten Mittelalter ihre Vollendung fand. Schrittweise ist bei ihm die Überzeugung gewachsen, daß die Zukunft dem Christentum gehöre. Er sah in dem Christentum das Gesetz der kommenden Geschichte, das alle binden werde. Eine Kirche, die wiederum bereit war, sich mit dem Staat zu verbinden, mußte ein geschlossenes Ganzes sein. So ergab sich das Ineinander von Politik und Religion. Daß er, der Kaiser, der irdische Gebieter dieser Kirche wurde, war unausbleiblich. Der alte Kaiserkult hatte längst seine Kraft eingebüßt. Aber es bedeutete mehr, wenn Konstantin verlangte, daß man in ihm den auserwählten Mann Gottes sehe, der durch ihn die alten Götter besiegt habe. Dazu gehörte zwangsläufig die Einheit der Lehre. Es war nicht der theologische Dilettantismus eines Laien, wenn er die Aufnahme des ihm zugeraunten homousios in das Credo verlangte, vielmehr kluge Überlegung. Die Lehre von der Gottheit und Wesenseinheit Christi mit dem Vater ist seiner göttlichen Verehrung sehr förderlich gewesen. Die Errichtung einer Staatskirche war sein Ziel. Aber seine politische Klugheit gebot ihm, es zunächst bei der Trias Staat – Kirche – Kultur zu belassen, wobei zur Kultur auch die nichtchristlichen Kulte gehörten. Jedoch mußte die Art, wie er die Kirche protegierte, sie überreich beschenkte und durch eine ihr zugute kommende Gesetzgebung auszeichnete, zur allmählichen Austrocknung der heidnischen Opferriten führen.

Das »Konstantinische Zeitalter« hat von der Nachwelt – bis heute hin – viel Kritik erfahren. Man wird sie nicht leichthin abtun können. Die negativen Folgen sind nicht zu übersehen. Anderseits nützt es wenig, den Gang der Geschichte zu verneinen und vor den geschlossenen Augen ein Idealbild von Glaube und Gemeinschaft aufleuchten zu lassen. Tatsächlich bedeutete der Eingriff Konstantins die Rettung der Kirche. Was wäre aus ihr geworden, wenn sie allein den Theologen und Bischöfen überlassen worden wäre? Eine Frage, die zu allen Zeiten ihre innere Berechtigung hat. Der Zustand der Kirche zu Anfang des 4. Jahrhunderts konnte nur durch die starke Hand einer zielbewußten Herrschernatur in Ordnung gebracht werden. Erst Konstantin hat ihre Existenz gesichert, so daß sie eine Großkirche werden konnte. Nicht mehr eine Vielzahl kleiner Glaubensgemeinschaften sollte das Bild der Christenheit bestimmen, sondern die von beamteten Klerikern in hierarchischer Ordnung geleitete Reichskirche. In Nicäa wurde schon der Entwurf einer Metropolitanverfassung verabschiedet, wobei die Kirchenprovinzen sich mit den staatlichen Diözesen decken sollten. Konstantin hat die geheimen Wünsche der hohen Prälaten erfüllt, als er den monarchischen Episkopat zu einem staatlich geschützten und privilegierten Stand erhob. Das Laienelement verlor an Geltung, der Kleriker stieg zur Führerstellung auf, befreit von allen dem Bürger auferlegten Lasten (z. B. Steuern) und mit Verleihung eigener Gerichtsbarkeit, die auch in zivilrechtlichen Streitfragen tätig werden sollte. Im Jahre 321 wurde der Sonntag zum staatlichen Ruhetag erklärt. Es war der Tag des Sonnengottes. Aber die Christen, die diesen ersten Tag der Woche als den »Tag des Herrn« begingen, konnten die gedankliche Verbindung mit der Sonne (»der Gerechtigkeit«) mühelos vollziehen und mit dem ersten Schöpfungstag (»Es werde Licht«) verknüpfen. Zugleich war damit auch der jüdische Sabbat, der bei manchen Christen als der biblische Ruhetag Gottes Beachtung fand, zurückgedrängt. Eine Lösung von der bisher üblichen Orientierung am Passahfest bedeutete auch die gesetzliche Festlegung des Osterfestes. Nach dem Beispiel von Rom und Alexandria wurde der Ostertermin nach dem ersten Frühlingsvollmond bestimmt. Völlige Übereinstimmung wurde freilich nie erreicht, da die Berechnung der Zyklen in den einzelnen Provinzen des Reiches voneinander abwich. Verboten blieb allerdings eine Übereinkunft mit dem jüdischen Passah. Zögernd setzte sich die Verlegung des Termins der Geburt Jesu vom 6. Januar (Epiphanias) auf den 25. Dezember, den Tag der Geburt des Sonnengottes, durch, der zugleich der Tag des Jahresanfangs wurde.

Das augenfälligste Denkmal christlicher Repräsentanz hat sich der Kaiser mit der Fülle von Kirchenbauten gesetzt. In kurzer Zeit waren die Hauptstädte der Provinzen mit prachtvollen Kirchen und Basiliken geschmückt. In Palästina hat des Kaisers Mutter Helena die Anlage von Sakralbauten gefördert. Die ehemalige Schankwirtin, die der Vater verstoßen hatte, ist vom Sohn hoch verehrt worden. Er ernannte sie zur Augusta und ließ sie als prominente Christin durch das Heilige Land reisen. Hier trat sie als gebieterische Herrin auf, nicht kleinlich im Umgang mit Staatsgeldern, die ihr reichlich zur Verfügung standen. Ihre frommen Wallfahrten gestalteten sich zu Triumphzügen. Einer Legende zufolge soll sie in Jerusalem das Kreuz Jesu gefunden haben. Über der Geburtsstätte in Bethlehem ließ sie eine prachtvolle Kirche errichten, ebenso eine Basilika auf dem Ölberg. Sie war im übrigen eine sehr ehrgeizige und rachsüchtige Frau, die es durchsetzte, daß ihre Stiefsöhne vom Hofe verbannt wurden. Hochbetagt ist sie 329 gestorben und in Rom begraben worden. Der Kaiser ließ sie zur Heiligen erheben. In den römischen Heiligenkalender wurde ihr Name nicht aufgenommen. Auch Rom wurde vom Kaiser reichlich beschenkt. Schon nach dem Sieg über Maxentius schenkte er der Kirche den Palast der Kaiserin Fausta, den Lateran, als bischöfliche Residenz. Dicht daneben ließ er eine Bischofskirche errichten, die seinen Namen erhielt. Wenige Zeit später erstand auf dem Vatikan der Prachtbau der Peterskirche, in die die Reliquien des Apostels, als an ihren ursprünglichen Platz, zurückgeführt wurden.

Alle diese Glanzstätten überragen sollte jedoch die neue Reichshauptstadt Konstantinopel. Mit der Aufgabe des alten Rom, an das der Kaiser nie als Wohnsitz gedacht hatte, griff er einen Plan Cäsars auf. Die Lage der historischen Weltstadt entsprach seit langem nicht mehr den Forderungen der Zeit. Sie war zur reinen Traditionsstätte geworden. Nach einer Legende soll Konstantin in einem Traum von Gott selber die Anweisung erhalten haben, das alte Byzanz am Bosporus als neue Residenz zu wählen. Die strategisch und wirtschaftspolitisch überaus günstige Lage wird für den scharfen Blick des Kaisers bestimmend gewesen sein. Auf den Trümmern der einst von Septimius Severus zerstörten Großstadt errichtete Konstantin eine spätantike Weltstadt großen Stils. Mit Prachtbauten, Kirchen und Denkmälern geschmückt und mit aus allen Orten zusammengeraubten Kunstschätzen angefüllt, war sie Ausdruck der konstantinischen Revolution, den kirchlich-politischen Herrschergeist widerspiegelnd, der bald als »Byzantinismus« zum Weltschicksal der östlichen Christenheit geworden ist. Diese byzantinische Kultur sollte zeigen, daß der Orient über den Okzident gesiegt hatte. Heidnische Formen, auf die der christliche Weltkaiser nicht verzichten konnte, begleiteten das hochentwickelte höfische Zeremoniell. Seine orientalischen, christlich umgedeuteten Formen erinnern an die spätere göttliche Verehrung der Kalifen. Auf dem Marktplatz erhob sich eine mit ehernen Bändern versehene Porphyrsäule, auf der die Statue des Kaisers mit einer siebenstrahligen Krone stand und die Inschrift trug: »Dem Konstantin, welcher der Sonne gleich leuchtet.« Die dankbare Kirche zog um dieses Denkmal mit Kerzenprozessionen und Weihrauchdämpfen. Sie fand auch nichts dabei, daß der Stadtgöttin Tyche weiterhin verehrend gehuldigt wurde.

Zwei Jahre vor seinem Tode weihte der Kaiser auf dem Hügel Golgatha über dem Grabe Christi eine Basilika ein, die an Pracht alle Kirchen der Erde übertreffen sollte. Alle Bischöfe, die an der

Synode von Tyrus teilgenommen und soeben Athanasius verdammt hatten, mußten bei der Feierlichkeit zugegen sein.
Am Pfingsttage des Jahres 337 ist der Kaiser gestorben, 63 Jahre alt. Auf dem Sterbebett hat er sich taufen lassen. Am liebsten hätte er den heiligen Vorgang im Jordan vollziehen lassen. Aber seine Kräfte reichten für eine Reise nicht mehr aus. So taufte ihn sein arianisch gesinnter Hofbischof Euseb. In einer echt antiken Apotheose wurde der tote Monarch zum »Divus« erhoben. Die Konsekrationsmünzen, die man aus diesem Anlaß herausgab, zeigen u.a. eine Quadriga, auf der die früheren Cäsaren, gleich dem Sonnengott, zum Himmel gefahren waren. Einer christlichen Deutung mochte freilich auch dieses Symbol eine biblische Erinnerung sein: der feurige Wagen des Propheten Elias (2. Kön. 2,11). Die Apostelkirche nahm danach den »apostelgleichen« Herrscher als 13. Apostel in ihr Heiligtum auf.

Der Weg zur Staatskirche

Konstantin hatte schon kurz vor seinem Tode eine Aufteilung des Reiches unter seine Söhne vorgenommen: Constantin II. sollte den Westen, Constantius II. den Osten und Constans Italien mit seinen Nebenländern erhalten. Als wolle er zur Tetrarchie Diocletians zurückkehren, ernannte er einen Sohn eines seiner Halbbrüder, Dalmatius, zum Cäsar, mit der Verwaltungsbefugnis über Teile des Balkans. Aber wie bei den meisten der römischen Herrscher war die dynastische Erbfolge ein schwerer Fehler. Die drei Söhne waren durchweg zum Regieren unfähige Menschen, junge Schwächlinge, charakterlos und ebenso feige wie ehrgeizig. Unmittelbar nach den Trauerfeiern wurde auf das verlogene Gerücht hin, daß der tote Kaiser ermordet worden sei, unter der Verwandtschaft ein blutiges Gemetzel angerichtet, dem auch der eben zum Cäsar ernannte Dalmatius zum Opfer fiel. Auch unter den Brüdern lichteten sich bald die Reihen: Constantin II. wurde auf dem Feldzug gegen seinen Bruder Constans erschlagen, dieser von einem seiner fränkischen Offiziere umgebracht. Constantius II. war nun Alleinherrscher (350–361).
In der Religionspolitik hatten die Söhne die taktische Vorsicht des Vaters preisgegeben, was zur Zwangsreligion führen mußte. Denn schrittweise und auf gesetzlichem Wege wurden die heidnischen Kulte verboten, die Tempel geschlossen, zum Teil niedergerissen oder nichtreligiösen Zwecken zur Verfügung gestellt. Die Kehrseite dieser Maßnahmen, die übrigens gar keinen Erfolg hatten, war

eine weitgehende Korruption und verschlagene Heuchelei. Eine schamlose Protektionswirtschaft griff Platz. Sich »christlich« geben sicherte die Karriere. Dieser wilden Beseitigung des »Unglaubens« entsprach keineswegs die Situation des Christentums. Gleich nach Konstantins Tod begann der Streit um das Dogma von neuem. Das Niveau war gegenüber früher allerdings erheblich gesunken. An die Stelle der einst von einer gelehrten Oberschicht geführten spekulativen Problemerörterungen, die nur gelegentlich zu den Gemeinden drangen, trat jetzt der Zündstoff der Schlagworte, der die Massen ergriff. Die Bischöfe wurden zu Parteiführern, die mit ihren Losungen und Kampfrufen den christlichen Straßenmob fanatisierten. Eine maßlose Verwilderung der Formen griff Platz. Hoch schlugen die Wogen, als Athanasius wieder nach Alexandria zurückgekehrt war. Obwohl es im Osten kaum noch eine Gruppe gab, die an der alten nicänischen Formel festhielt, blieb Athanasius bei seiner kompromißlosen Haltung. Er fand noch am ehesten Verständnis bei den römischen Amtsbrüdern. Diese bekannten sich zur nicänischen Orthodoxie, weil man im Westen jede Spekulation und unpraktische Grübelei ablehnte. Die Verhältnisse mußten sich jedoch für Athanasius immer ungünstiger gestalten, je mehr Kaiser Constantius unter den Einfluß seiner arianischen Umgebung geriet. Vergeblich hatte der Kaiser auf verschiedenen Synoden versucht, eine Einigung zu erzielen. Eine Synode in Sardika (Sofia), an der auch abendländische Bischöfe in großer Zahl teilnahmen, endete mit einem Schisma und einer abermaligen Verbannung des Alexandriners. Fraglos war Athanasius kein bequemer Mann. Man konnte ihn wohl halsstarrig nennen. Aber in seiner Wankellosigkeit lag ein Zug von imponierender Größe. Fast wie ein Abenteuerroman wirkten seine Erlebnisse mit ihrem oft tumultuarischen Auf und Ab im Wechsel der Ein- und Absetzungen. Arianer im Sinne der strengen Lehre des verstorbenen Arius gab es eigentlich nicht mehr. Die unter der Führung des Euseb von Nikomedien, der inzwischen Bischof von Konstantinopel geworden war, stehenden Gruppen waren sich lediglich einig in der Ablehnung der nicänischen Formel. Das von ihnen schlagwortartig vertretene homoiusios besagte, daß der Gottessohn dem Vater gleich, aber nicht *wesens*gleich sei, ließ aber viele Deutungen zu. Es findet sich gleichfalls nicht in der Bibel. Nachdem Constantius Alleinherrscher geworden war, versuchte er mit Gewalt das »klassische« Nicänum zurückzudrängen, was ihm trotz vieler Synoden, die aus diesem Grunde stattfanden, nicht gelang. Athanasius und seine Anhängerschar bewiesen selbst in der Verbannung wirksame Standhaftigkeit.

Auf Constantius, der kinderlos starb, folgte sein Vetter *Julian* (361–363). Er hatte eine christliche Erziehung genossen, aber eine freudlose Jugend durchlebt, meist in einem haftähnlichen Zustand, nachdem Vater und Bruder ermordet waren. Aber das Christentum vermochte ihn nicht zu halten. Die Philosophie des Neuplatonismus hatte ihn gepackt. Heimlich trat er zehn Jahre vor seiner Thronbesteigung, im Alter von 20 Jahren, in aller Form zum Heidentum über. Seitdem spielte er eine Doppelrolle. Öffentlich besuchte er die christlichen Gottesdienste, im Verborgenen versenkten sich Geist und Seele in die Philosophie. In mystischer Beglückung sah er die alten Götter segnend auf sich schauen. Er war kein Fanatiker. Alle Weltanschauungen und Religionen sollten toleriert werden, auch das Christentum. Die unter Constantius Verbannten kehrten an ihre alten Wirkungsstätten zurück. Julian wollte ihnen Zeit lassen, über ihre Differenzen nachzudenken. An seinem Hofe führte er unter den korrupten christlichen Beamten eine radikale Säuberung durch. Er wollte nur solche als seine Ratgeber um sich haben, die ihm bisher Führer zur Erkenntnis der Wahrheit waren. Seine persönliche Feindschaft gegen das Christentum ging nicht in eine direkte Verfolgung der Kirche über. Aber die Christen sollten aus allen öffentlichen Ämtern zurückgedrängt werden. Ein Schulgesetz machte die Erteilung des Unterrichts durch Christen von der Erlaubnis städtischer Behörden abhängig. Der Kaiser wollte selber die Lehramtskandidaten bestätigen. Praktisch hieß das: die Christen sollten vom Zugang zu höherer Bildung abgeschnitten werden. Der Staat führte die Schulaufsicht. Dieser negativen Politik stand eine andere gegenüber: die alten religiösen Kulte sollten wiederbelebt werden. Aber die Restauration des Heidentums blieb ohne Erfolg. Das religiös indifferente Volk war für diese Erneuerung der heidnischen Zeremonien nicht zu haben. Selbst bei seinen Anhängern verfiel der Kaiser mit seinem Eifer bald der Lächerlichkeit. Wenn er den Kirchen alle staatlichen Unterstützungen und Steuerfreiheiten entzog, so vermochte das die christlichen Einrichtungen nicht mehr zum Einsturz zu bringen. Ein Nebeneinander von antikem Götterkult und Christentum konnte es nicht mehr geben. Bei aller Unzulänglichkeit in der Einheit der theologischen Lehre war das Christentum doch schon zu tief in den tragenden Unterbau des Reiches eingedrungen. Mehr als seine Zeit hat Julian »Apostata«, der Abtrünnige, die Phantasie der Nachwelt bewegt: die politische Satire wie die Dichtung. Auf einem Feldzug gegen die Perser ist er an den Folgen einer schweren Verwundung gestorben. Die Worte, die der Sterbende gesprochen haben soll: »Du hast gesiegt, Galiläer«, sind sicher legendär, aber sie geben das Ergebnis dieser kurzen Regierung treffend wieder.

Der sturmerprobte Athanasius, von Julian zunächst aus dem Exil zurückgerufen, hatte bald des Kaisers Unwillen erregt. Aufgestachelt von dem Schwarm von Magiern, Wahrsagern und Philosophen, befahl dieser, daß der Bischof abermals die Stadt zu verlassen habe. Athanasius gehorchte. Aber er erkannte die Zeichen der Zeit richtig, als er der von ihm Abschied nehmenden Gemeinde zurief: »Laßt euch nicht irremachen, Brüder, es ist nur ein Wölkchen, und schnell wird es vorübergehen.« So war es auch. Im Jahre 364 war er wieder in Alexandria.

Noch auf dem Schlachtfeld vor Babylon riefen die Truppen Julians den Pannonier *Jovian* zum Kaiser aus. Er war Christ und entschlossen, die julianische Religionspolitik wieder rückgängig zu machen. Mit den Persern schloß er Frieden; große Teile Mesopotamiens mußte er abtreten, darunter das christliche Armenien, das als selbständiger Klientelstaat dem Reich angeschlossen war. Jovian starb schon 364, und das Heer rief, abermals aus seiner Mitte, *Valentinian* (364–375), einen Gardeoffizier, ebenfalls pannonischer Herkunft, zum Kaiser aus. Dieser übergab seinem Bruder *Valens* (364–378) die Herrschaft im Osten. Während der Westen unter dem an kirchlichen Fragen weniger interessierten Valentinian beim Nicänum blieb, erstarkte im Osten unter der Protektion des Valens wieder die »arianische« Partei. Neue Kämpfe brachen aus. Auch Athanasius mußte für kurze Zeit noch einmal von seinem Bischofssitz weichen. Auf Valens, der im Kampf gegen die Goten in der Schlacht bei Adrianopel gefallen war, folgte der Spanier *Theodosius* (379–395), mit dessen Regierung die lang ersehnte Einheit der Kirche vollzogen wurde. Die Gefahren von außen waren außerordentlich gewachsen. Neben dem für einen Augenblick zur Ruhe gekommenen Feind im Osten bereiteten die Germanen – von ihnen wird noch zu reden sein – die größten Sorgen. Es war fraglich, ob sie durch eine staatliche Siedlungspolitik an einem weiteren Vordringen auf die Dauer gehindert werden könnten. Bis zu einem neuen Vorstoß galt es, das Reich nicht nur militärisch, sondern auch kirchenpolitisch zu festigen.

Schon ein Jahr nach seinem Regierungsantritt, am 28. Februar 380, erließ Theodosius ein für das ganze Reich geltendes Religionsedikt, in dem es hieß: »Alle Völker, die unsere Milde regiert, sollen in dem Glauben leben, den der Apostel Petrus den Römern überliefert hat, wie es der von ihm gepflanzte Glaube bis zum heutigen Tage dartut, den der Pontifex Damasus und der Bischof apostolischer Heiligkeit Petrus von Alexandria bekennen, das ist, daß wir nach apostolischer Zucht und evangelischer Lehre an die Gottheit des Vaters, des Sohnes und des Heiligen Geistes in gleicher Majestät und heiliger Trinität glauben wollen. Die diesem Gesetz folgen, sollen, so gebieten wir, die Bezeichnung katholische Christen führen, die anderen aber, nach unserem Urteil Unsinnige und Verrückte, sollen die schimpfliche Ehrenminderung der Häresie erleiden, ihre Konventikel nicht die Bezeichnung Kirche führen, und fürs erste durch ein göttliches Gericht, dann aber auch durch Ahndung unseres richterlichen Einschreitens, das wir, gestützt auf des Himmels Ermessen, treffen werden, bestraft werden.«

Bemerkenswert an diesen Sätzen ist zunächst der Hinweis auf den römischen Bischof und auf den Nachfolger des 373 verstorbenen Athanasius als Garanten der Rechtgläubigkeit. Noch wichtiger ist die in den bekenntnishaften Formulierungen zum Ausdruck kommende Erweiterung der Lehre von der Göttlichkeit des Vaters und des Sohnes auf den Heiligen Geist. Es machte sich in dieser Fixierung der Trinitätslehre, der schon Athanasius zugestimmt hatte, der Einfluß einer jüngeren Theologengeneration geltend, die die bekannten Schlagworte überwunden hatte und zu neuen theologischen Aussagen gekommen war. Zu diesen »Jung-Nicänern« gehörten vor allem die großen Kappadocier *Basilius* (Metropolit von Cäsarea), sein Bruder *Gregor von Nyssa* (Bischof der Diözese Pontus) und *Gregor von Nazianz* (Metropolit von Konstantinopel). Ihre Neu-Orthodoxie hat der Bekenntniseinheit den Weg bereitet.

Zum Mai 381 ergingen Einladungen des Kaisers zu einer Reichssynode nach Konstantinopel. Sie sollte den kaiserlichen Maßnahmen (wozu auch noch ein Gesetz über die Absetzung ketzerischer Bischöfe gehörte) die kirchliche Bestätigung geben. Irreführend ist die Bezeichnung »ökumenisch«. Abgesehen davon, daß auch diesmal nur ein Teil absolut zuverlässiger Bischöfe geladen war, erschienen von diesen nur die Vertreter der kleinasiatischen und syrisch-palästinensischen Provinzen. Etwa 150 Personen dürften gekommen sein. Akten oder Protokolle gab es auf dieser Synode so wenig wie seinerzeit in Nicäa. Natürlich stand auf dem Programm der Synode nicht nur die Festsetzung des Bekenntnisses. Manche Unordnung, die während der dogmatischen Streitigkeiten entstanden war, galt es zu beseitigen. Dazu war die Frage der staatlich verfügten Ab- und Neueinsetzungen von Bischöfen ein besonders ernstes Problem. So kam es gleich zu Beginn der Synode zu aufregenden Szenen. Gregor von Nazianz, vor kurzem zum Metropoliten von Konstantinopel erhoben, hatte an Stelle des verstorbenen Meletius von Antiochien den Vorsitz. Aber er war der

Situation nicht gewachsen und geriet in größte Bedrängnis, als sich die Angriffe auch gegen ihn richteten. Seit langem kränkelnd, legte er den Vorsitz nieder, hielt den Anwesenden noch eine glänzende Rede, was auf die hartgesottenen Bischöfe keinerlei Eindruck machte. Zeitweilig drohte sogar eine neuerliche Spaltung zwischen Ost und West. Es ging um Rangstreitigkeiten. Dem Bischof von Konstantinopel wurde eine Art Ehrenvorrang vor allen anderen Bischöfen zugesprochen. Er sollte unmittelbar hinter dem römischen Bischof rangieren. Das war eine sichtbare Unterstreichung des »neuen Rom«, aber doch auch eine Kränkung für Alexandria, das so tapfer für die Orthodoxie und das katholische Bekenntnis gestritten hatte. Das Hauptergebnis war indessen doch die Festsetzung des erweiterten Nicänums, das Bekenntnis zur göttlichen Trinität, in die Dogmengeschichte unter der Bezeichnung des Nicaeno-Constantinopolitanum eingegangen und bis heute Bestandteil der römischen Messe.

Athanasius hat das Ende des arianischen Streits nicht mehr erlebt. Aber dieses Ergebnis war auch eine Frucht seiner Beständigkeit. Sein Ziel, die Theologie aus den Klammern der spekulativen Philosophie zu befreien, war erreicht. War der Alte auch nicht milder geworden, so war er doch beweglich genug, um Wandlungen der Erkenntnis anzuerkennen, wie etwa bei der Frage der Göttlichkeit des Heiligen Geistes. Anderseits ist zuzugeben, daß die neue Interpretation des homousios als wesensgleich statt wesenseins das Bekenntnis für den Osten allein annehmbar gemacht hat.

Die Staatskirche war vollendet, das Christentum zur Staatsreligion geworden. Ein kaiserliches Gesetz verbot den Rücktritt vom Christentum zum Heidentum, also einen Kirchenaustritt. Der Theokratie des weltlichen Herrschers entsprach die Hierarchie der kirchlichen Würdenträger. Die Selbständigkeit und Aktivität der christlichen Gemeinden, von denen man im 2. und 3. Jahrhundert noch so viel hören konnte, ging unter im bischöflichen Kirchenregiment.

Lehre und Leben

Anfänge des Papsttums

Nach römisch-katholischer Tradition war Petrus der erste Bischof der Christengemeinde in Rom. Fünfundzwanzig Jahre habe er sie geleitet. Nach der katholischen Lehre von der apostolischen Sukzession, d. h. durch Handauflegung und Segen, sei von ihm aus in ununterbrochener Folge die geweihte Dynastie des Geistes, die Herrscherreihe der Nachfolger Petri, aufgestiegen, die heute in vollkommener Vollmacht die irdischen Geschicke der römischen Weltkirche lenkt.

Über die von Glaube und Dogma bestimmte Lehre vom Ursprung des Papsttums besteht eine reiche Kontroversliteratur. In ihr wird ebenso viel bestritten wie behauptet. Die *historische* Erzählung kann jedoch erst von dem Zeitpunkt an beginnen, wo der geschichtliche Boden leidlich gesichert ist. Über die hervorragende Stellung des Petrus im Kreise der Jünger Jesu besteht kein Zweifel. Ob die darauf sich beziehenden Herrenworte (Matth. 16,16ff.; Luk. 22,31f.; Joh. 21,15ff.) der kirchlichen Lehre vom Primat Petri als Stütze dienen können, liegt ebenfalls außerhalb einer historischen Erörterung. Über die Entstehung der ersten römischen Christengemeinde ist nichts bekannt. Daß Petrus oder Paulus sie gegründet haben, ist ausgeschlossen; daß Paulus in relativ leichter Haft in Rom war, wird berichtet (Apg. 28,30f.); daß Petrus etwa zur gleichen Zeit in Rom war, wird von einem großen Teil der Forschung nicht bestritten. Im 1. Clemensbrief (abgefaßt um 95) wird vom Ende der beiden Märtyrerapostel in einer recht verschwommenen Weise berichtet.

Aber mochte die Überlieferung noch so zweifelhaft sein, die Magie des Glaubens ließ Legende und Geschichte zu einer Einheit verschwimmen. Rom war nun einmal die Stätte wunderbarer Geschehnisse, wo »die Apostel alle Tage residieren und ihr Blut ohne Unterlaß Gottes Ruhm bezeugt«, wie Klerikermund überschwenglich rühmte. Dazu kam die natürliche Anziehungskraft, die die Reichshauptstadt besaß. Die Folgen der neronischen Verfolgung scheint die Christenheit bald überwunden zu haben. Einzelheiten der Neugründung sind so wenig bekannt wie die einstigen Ursprünge. Bald war sie jedoch die zahlenmäßig größte Gemeinde in der Christenheit, umfaßte aber keineswegs die Mehrheit der Bevölkerung Roms. Etwa um die Mitte des 3. Jahrhunderts hatte sie etwa

30000 Mitglieder mit einem Klerus von 155 Personen. Das waren keineswegs nur Römer, vielmehr Griechen und sonst aus anderen Provinzen Zugereiste, »Gastarbeiter« und viele Sklaven. Die frühen Bischofslisten enthalten vorwiegend griechische Namen, wie auch Griechisch die Kirchensprache war. Erst seit der Mitte des 3. Jahrhunderts setzt ein Latinisierungsprozeß ein, wesentlich gefördert durch die Literatur der großen Afrikaner Tertullian und Cyprian. Wenn von der regen Liebestätigkeit berichtet wird, so weist das darauf hin, daß in Rom mehr Geld vorhanden war als anderswo, für die dankbaren Orientalen ein Anlaß, die römischen Liebesgaben überschwenglich zu preisen. Obwohl man in Rom einen besonders autoritären Kirchenbegriff vertrat, war die über die ganze Stadt verstreute Gemeinde kein Schmuckblatt der Zucht und Ordnung. Es gab innere Streitigkeiten und Spaltungen. Die Bischöfe, soweit sie dem historischen Betrachter erkennbar werden, waren keineswegs immer vorbildliche Heilige. So sehr die christliche Umwelt bereit war, die Apostelstadt mit schmückenden Lobesworten zu umkränzen, so dachte niemand daran, Rom eine vorrangige Amtsstellung zuzuerkennen. Cyprian, der gewichtigste Vertreter der Einheit der Kirche als Liebesbund aller Bischöfe unter dem »Primat Petri« (S. 32f.), dachte nicht daran, einem *römischen* Primat das Wort zu reden. Und in den Fällen, wo römische Bischöfe (z. B. Victor I.) ihr Selbstbewußtsein in despotischen Entscheidungen anderen, schwächeren Kirchen aufzuzwingen suchten, stießen sie früher oder später auf heftigen Widerstand. Allein in Italien und in Gallien konnte Rom als Gemeinde apostolischer Überlieferung seine Weltstellung geltend machen.

An der Aufrichtung der Reichskirche durch Kaiser Konstantin war Rom nicht beteiligt. In Nicäa, wo es lediglich durch zwei Presbyter vertreten war, wurde es kaum erwähnt. Die floskelhafte und daher bedeutungslose Rhetorik, die ihm nur nebenher gewidmet war, konnte allenfalls als eine Art »Ehrenprimat« aufgefaßt werden. Die kaiserliche Kirchenpolitik, unterstrichen durch die Verlegung des Regierungssitzes nach Konstantinopel, hatte ihr Schwergewicht im Osten. Rom genoß die allgemeine soziale Standeserhöhung des gesamten christlichen Klerus und erfuhr uneingeschränkt den Prunk der kirchlichen Bautätigkeit des Monarchen, aber an eine Sonderstellung der Amtsmacht des römischen Bischofs war nicht zu denken. Rom hat diesen historischen Tiefstand in der zweiten Hälfte des 5. Jahrhunderts durch eine allen Tatsachen ins Gesicht schlagende Legende zu korrigieren versucht. In der Vita des unbedeutenden Bischofs *Silvester* (314–335) stand, dieser habe Konstantin nach dem Sieg über Maxentius vom Aussatz geheilt. Aus

Dankbarkeit habe sich der Kaiser bekehrt und von Silvester taufen lassen. Zweihundert Jahre später wurde die Silvester-Legende mit der größten Dokumentenfälschung des Mittelalters, der »Konstantinischen Schenkung«, verknüpft, wovon noch zu reden sein wird.
In der Zeit der neu ausbrechenden dogmatischen Wirren unter den Söhnen Konstantins hat Rom (mit dem Westen) zur athanasianischen Partei gestanden. Das hatte mit theologischer Erkenntnis wenig zu tun. Man blieb beim Nicänum, weil man keine spekulativen Gedankenflüge liebte und weil es orthodoxes Reichsgesetz war. Darin war man sich mit Ägypten einig. Der Glaube wurde vom kirchlichen Gehorsam verschlungen. Als Constantius II. das »klassische« Nicänum preisgab und auch den widerspenstigen Westen mit Gewalt unter seine neue Glaubensformel zu zwingen unternahm, blieb dem durch harte Maßnahmen (Verbannung und Drohungen) mürbe gemachten Bischof *Liberius* (352–366) nichts anderes übrig, als die von seinem Standpunkt aus häretische Formel zu unterschreiben.
Der große Umschwung trat für den Westen und damit auch für Rom mit dem Kaisertum Theodosius' I. und der Rückkehr zur katholischen Orthodoxie ein. Damals saß auf dem römischen Stuhl *Damasus* (366–384), eine wahrhaft papale Herrschernatur, der alles tat, um Roms Führungsanspruch gegen den Osten durchzusetzen. Er war ein Mann von Bildung und hatte auch theologische Interessen. Seine Erhebung zum Bischof war nicht ohne Widerspruch erfolgt. Eine Minderheit hatte den Diakon Ursinus gewählt. Nach einem heftigen Straßenkampf wurde dieser vertrieben. Als seine Anhänger sich in einer Kirche verbarrikadierten, wurde diese mit Waffengewalt erstürmt. Die Gegner des Damasus hatten 137 Tote, Männer und Frauen, zu beklagen. Kaum war einigermaßen Ruhe eingekehrt, wurde gegen Damasus Anklage wegen »Anstiftung zum Mord« erhoben. Urheber der Anzeige war offenbar der inzwischen von Valentinian I. begnadigte Ursinus, der jedoch einen Juden namens Isaak vorgeschickt hatte. Der angestrengte Kriminalprozeß, der Damasus den Kopf hätte kosten können, endete mit einem Freispruch durch das kaiserliche Gericht. Die Regierung hatte kein Interesse, den Mann, der mit ihrer Hilfe Bischof geworden war, zu Fall zu bringen. Trotzdem hatte der Vorgang das Ansehen des Bischofs keineswegs erhöht. Er hatte viele Gegner. Beliebt war der gebürtige, schon über 60 Jahre alte Römer nur bei den vornehmen Damen, die ihn materiell unterstützten, weshalb ihn Spötter den »Ohrenkitzler der Matronen« nannten. Aber der selbstbewußte Kirchenmann ließ sich durch nichts beirren. Acht Jahre später ließ er das kaiserliche Urteil durch

eine römische Synode bestätigen. Gleichzeitig richtete die Synode an den Kaiser eine Petition in Fragen der bischöflichen Gerichtshoheit. Damals regierte im Westen *Gratian* (375–383), der durch ein Staatsgesetz die römisch-bischöfliche Gerichtshoheit über die Metropoliten des Abendlandes verfügte. Damit war noch kein abendländisches Patriarchat begründet. Die Bischöfe kümmerten sich auch zunächst nicht um die Gerichtshoheit des heiligen Petrus. Dennoch war das Gesetz ein Versprechen für die Zukunft, das zur Erhöhung des Papsttums erheblich beigetragen hat. Jedenfalls wurden die päpstlichen Dekretalen mit ihren rechtlichen Entscheidungen bald den Kanones der Konzile gleichgestellt. Wenn auch das Edikt Theodosius' von 380, das auch im Namen der Kaiser Gratian und Valentinian II. ausgegangen war, die volle Zustimmung Roms gefunden hatte, so war man gar nicht befriedigt von dem Ergebnis der Reichssynode in Konstantinopel. Man spürte sehr deutlich, daß es ganz auf die Verhältnisse im Osten zugeschnitten war. In den Formulierungen des Glaubens kam nicht das alte Nicänum, sondern die Theologie der Jung-Nicäner zum Ausdruck. Noch weniger zufrieden war man mit den Beschlüssen über Rangordnung und Befugnis der Bischöfe. Im Zuge der schon in Nicäa projektierten Metropolitanverfassung hatten diese bestimmt, daß jeder Bischof nur innerhalb der weltlichen Dözese, in der sich sein Bischofssitz befand, kirchliche Rechte ausüben sollte. Das richtete sich vor allem gegen Alexandria, das eine Oberhoheit im Osten anstrebte und dessen Bischof sich über Ägypten hinaus eine Weisungsbefugnis angeeignet hatte. Rom wurde in diesem Zusammenhang nur in einem Nebensatz erwähnt, als es hieß, daß »der Bischof von Konstantinopel einen Ehrenvorrang haben soll nach dem Bischof Roms, weil jene Stadt das neue Rom ist«.
Vorerst konnte Rom seine apostolischen Vorrangansprüche nur deklamatorisch vorbringen. Auffallend ist, daß in den Briefen des Bischofs von seiner Kirche als »dem Apostolischen Stuhl« die Rede war. Das erinnerte an Cyprian, der den Begriff der »Cathedra Petri« zuerst geprägt hatte, aber nicht auf Rom angewandt wissen wollte. Auf einer römischen Synode von 382 wurde ausdrücklich vom »Primat der römischen Kirche« gesprochen. Damit begann eine »ideologische« Vorbereitung, die unter der Gunst der Umstände den Aufstieg des Papsttums unaufhaltsam machte.
Man hat Damasus und seinen Nachfolger *Siricius* (384–399) die ersten »Päpste« genannt. Aber diese Bezeichnung wird dem geschichtlichen Sachverhalt nicht gerecht, zumal der Ausdruck »Papst« damals keineswegs von der gesamten Kirche als allein für den römischen Bischof geltende Titelbezeichnung Anerkennung

gefunden hatte. Die ehrenvolle Anrede papa war seit dem 3. Jahrhundert für *alle* Bischöfe üblich, die Rom auch anderen Bischöfen gegenüber gebrauchte. Zur *Amtsbezeichnung* für den römischen Pontifex wurde der Titel erst seit dem Ende des 5. Jahrhunderts. Richtig ist, daß mit den oben genannten beiden Bischöfen die römische Begriffssprache und ein typisch »apostolischer« Kurialstil im amtlichen Verkehr sich durchsetzte und die Sammlung der Dekretalen ihren Anfang nahm.

Rom war damals noch keineswegs eine christliche Stadt. Die Mehrzahl seiner Bewohner stand dem Christentum innerlich fern, die Kirchlichkeit war nur eine dünne Deckfarbe. So hat es viel Mühe gekostet, aus dem Sitzungssaal des Senats die Statue der Siegesgöttin Victoria zu entfernen. Endgültig ist es dem Einfluß eines Mannes gelungen, der gar nicht in Rom lebte und dessen Autorität damals viel machtvoller wirkte als die des römischen Bischofs: Ambrosius von Mailand.

Ambrosius von Mailand (ca. 340–397)

Im Jahre 374 war Bischof Auxentius gestorben, um seine Nachfolge ein heftiger Kampf entbrannt. Der Verstorbene war gewiß kein »Arianer«, aber auch keineswegs ein Anhänger des Nicänums. Constantius hatte ihn in Mailand als Bischof eingesetzt, und trotz Verdammung durch eine römische Synode hatte er sein Amt bis zu seinem Tode behalten. Es ist verständlich, daß die Nicäner jetzt einen Mann ihrer Partei erheben wollten. Darüber drohte es zu einem Tumult zu kommen. Ambrosius, seit vier Jahren Statthalter der oberitalienischen Provinz Liguria-Aemilia, begab sich darauf in die Kirche, um – wie es hieß – für Ruhe und Ordnung zu sorgen. Er war den Anwesenden bekannt. Sie wußten, daß er ein christlicher Mann war, freilich noch ungetauft, vielleicht Katechumene. Ob der Vorschlag der Zerstrittenen, ihn zum Bischof zu wählen, ein später von der Legende verklärter Überraschungscoup war, ist unwahrscheinlich. Ambrosius dürfte die Absicht der Wähler nicht unbekannt gewesen sein. Bestimmend für diese war die Tatsache, daß ihr neuer Kandidat von den Lehrstreitigkeiten völlig unberührt und ein Mann von Rang und Ansehen war.

Ambrosius stammte aus altem senatorischen Adel, war in Trier geboren, wo sein Vater als praefectus praetorio Galliarum eines der höchsten Reichsämter bekleidet hatte. In der Familie herrschte christlicher Geist, eine Schwester hatte das Gelübde der Jungfräulichkeit abgelegt, auch Ambrosius und sein Bruder waren ehelos geblieben. Der spätere Bischof hat immer die Keuschheit als ein christliches Ideal gepriesen. Für sein Amt als Staatsmann besaß er die erforderliche Vorbildung.

Der Wechsel vom politischen zum geistlichen Beruf entsprach seiner Gesinnung. Ebenso rasch, wie die kaiserliche Zustimmung eintraf, vollzogen sich die Präliminarien für den Aufstieg zum Hierarchen. Auf seinen ausdrücklichen Wunsch wurde er von einem Nicäner getauft, danach zum Priester und Bischof geweiht. Der 35jährige Bischof war fraglos ein Mann von Geist. War er auch kein selbständiger Denker, so doch ein Mann von praktischer Vernunft, der es verstand, die Probleme, die auf ihn zukamen, zu bewältigen. Als ein entschlossener Verteidiger des Nicänums beließ er es nicht bei der bloßen Bestätigung der Bekenntnisformeln, er suchte sie auch inhaltlich seiner Umwelt deutlich zu machen. So griff er die Theologie der Jung-Nicäner positiv auf und trat in persönliche Beziehungen zu Basilius dem Großen. Überall war er lernwillig. Daß das nicänische Bekenntnis, wie es in Konstantinopel 381 seinen Ausdruck gefunden hatte, im lateinischen Westen heimisch wurde, war nicht zuletzt seiner reichen literarischen Produktion zu danken. Deren Nährboden war vornehmlich die Predigt, in der Ambrosius die zentrale Aufgabe eines Bischofs sah. Er war ein Rhetoriker mit Gefühl und Schwung, der dadurch auf seine Hörer und Leser wirkte, daß bei ihm die Predigt Bibelauslegung war. Methodisch bediente er sich der im Osten üblichen allegorischen Exegese und beabsichtigte auf diesem Gebiet auch keine Originalität zu zeigen. Die Predigt sollte die Geheimnisse der göttlichen Wahrheit, die in den Tiefen der Heiligen Schrift liegen, aufdecken. Als ein viel gerühmter Kirchenmusiker ist er der Schöpfer der kirchlichen Hymnik geworden. Von seinen Hymnen, für die er gelegentlich auch Texte von Liedern der griechischen Kirche aufgriff, sind allerdings nur sehr wenige beglaubigt. Der sogenannte »Ambrosianische Lobgesang« (Te deum laudamus) stammt nicht von ihm. Er war auch nicht der einzige Hymnendichter jener Zeit. Neben ihm stand der Bischof *Hilarius* von Poitiers, dem er auch sonst viel verdankte. Daneben wird man aber den bedeutendsten lateinischen Dichter der Kirche nicht vergessen dürfen: Aurelius *Prudentius* (348 bis nach 405). Wenn der Name des Ambrosius eine die anderen überragende Dauerwirkung erlangte, so hängt das mit seiner außerordentlichen Persönlichkeit zusammen. Der ursprünglich für die Politik bestimmte Ambrosius war eine Herrschernatur. In ihm lebte das Erbe des alten Römertums. In den Krisen des weströmischen Reiches, die auch die Kirche so nachhaltig betroffen hatten, fiel

ihm eine Aufgabe zu, die alle Anlagen seines Wesens zur Entfaltung brachte.
Der junge Kaiser Gratian war ein hübscher, blonder Jüngling, liebenswürdig, sportlich gewandt, aber zum Regieren wenig befähigt. Er war auf seine Weise fromm, hielt sich zum nicänischen Bekenntnis und geriet ganz unter den Einfluß des Ambrosius, zu dem er in Verehrung aufblickte. Dieser widmete ihm sein erstes theologisches Werk »Über den Glauben«, und der 19jährige war entschlossen, mit dem Bischof gegen Heiden und Ketzer zu kämpfen. Dieser hat erreicht, daß sein Zögling die Victoria-Statue endgültig aus dem Sitzungssaal des römischen Senats entfernen ließ und einen Protest der heidnisch gesinnten Mehrheit der Senatoren erfolgreich zurückwies. Auf den Rat des Ambrosius ist es wohl auch zurückzuführen, daß Gratian den tüchtigen General Theodosius zum Nachfolger seines Onkels Valens als Augustus des Ostens ernannte. Ebenso dürfte das im vorigen Abschnitt erwähnte Staatsgesetz über die römisch-bischöfliche Gerichtshoheit zumindest nicht ohne die Mitwirkung des Mailänder Bischofs zustande gekommen sein. Als Gratian von meuternden Truppen ermordet wurde, geriet das gute Verhältnis zwischen Kaiserhaus und Bischof in eine Krise. Gratians Nachfolger, sein Stiefbruder Valentinian II. (383–392), war ein zwölfjähriger Knabe und stand ganz unter dem Einfluß seiner Mutter Justina und deren germanischen Beratern, die entweder Heiden waren oder, wie Justina, »arianischen« Auffassungen zuneigten. Der oppositionelle römische Senat witterte Morgenluft und versuchte, sich bei dem jungen Kaiser noch einmal für seine geflügelte Siegesgöttin einzusetzen, die doch ein religiöses und politisches Wahrzeichen der Roma sei. Dabei ging es den Klagenden weniger um den Schutz der Victoria als um die Gewährung der Kultgelder, die mit der weggeschleppten Göttin ebenfalls in Fortfall gekommen waren. Ambrosius zog alle Register seiner Beredsamkeit, um den schon schwankenden kaiserlichen Knaben festzuhalten. In dem Mahnschreiben hieß es: »In militärischen Dingen muß das Urteil eines schlachterprobten Mannes eingeholt und sein Rat befolgt werden. Geht es aber um die Religion, so denke an Gott. Es kränkt keinen, wenn der allmächtige Gott ihm vorgezogen wird.« Diesmal siegte Ambrosius noch einmal. Aber bei Hofe sann man auf die Gelegenheit einer Vergeltung. Besonders die ehrgeizige Mutter des Kaisers konnte dem Bischof, dessen diplomatische Hilfe ihr Sohn brauchte, um den Druck eines Gegenkaisers abzuwehren, sein herrisches und selbstbewußtes Auftreten nicht verzeihen. Bald äußerte sie den Wunsch, daß man für ihre Umgebung und für ihre gotische Leibwache eine Kirche vor

den Toren der Stadt für den Gottesdienst dieser »Arianer« zur Verfügung stellen solle. Ambrosius lehnte dieses Ansinnen rundweg ab. Als die Kaiserin dennoch die Kirche beschlagnahmte und von Soldaten umstellen ließ, hielt Ambrosius eine Predigt, in der u. a. von der verderblichen Rolle der Weiber von Eva bis zur Isebel und der Herodias die Rede war. Die auf seiten des Ambrosius stehende Gemeinde geriet in Unruhe, auch die Soldaten verließen ihre Posten, weil sie die Bannandrohung des Bischofs fürchteten. Der Kaiser mußte nachgeben. Als im nächsten Jahr die Antinicäner ein Gesetz durchdrückten, das den »Homoiern« Kultfreiheit und sogar die Auslieferung von Kirchen zugestand, bewahrte Ambrosius unerschütterlich die Ruhe. Er erschien weder im Kaiserpalast zu einer Aussprache noch beachtete er einen Ausweisungsbefehl. Die Massen des Volkes standen abermals hinter ihm. Den Kaiser ließ er seine grundsätzliche Auffassung wissen: »Dem Kaiser steht die Verfügung über die Paläste zu, dem Priester über die Kirchen.« Valentinian werde einst, wenn er »an Reife des Alters weiter gediehen sei, beurteilen können, wes Geistes ein Bischof wäre, der Laien das priesterliche Recht unterwerfe«. Abermals mußte der Hof einen Rückzug antreten. Zu weiteren Kämpfen kam es nicht, weil Valentinian auch politisch in Bedrängnis war. Das Vorrücken eines Usurpators über die Alpen zwang ihn, seine Mutter und seine Schwester Galla zur Flucht. In Thessalonich trafen sie mit Theodosius zusammen, der sich Galla zur zweiten Gemahlin nahm, den Usurpator in zwei Schlachten besiegte, welcher darauf von den eigenen Soldaten hingerichtet wurde (388).

Theodosius war nun Herrscher auch über das Westreich. Seinen jugendlichen Schwager, der seine Unfähigkeit zum Regieren hinreichend bewiesen hatte, schickte er nach Gallien, stellte ihn jedoch unter die Oberaufsicht des noch heidnischen fränkischen Heermeisters *Arbogast,* der Valentinian in ziemlich strenge Zucht genommen haben muß, so daß dieser sich in seinem Palast erhängte. Der listige Franke erhob sofort den zwar christlichen, aber den Heiden freundlich gegenüberstehenden ehemaligen Rhetor *Eugenius* zum Gegenkaiser, der Italien besetzte und den Ambrosius zunächst anerkannte, ihm jedoch jede Hilfe verweigerte, als er erfuhr, daß Eugenius wiederholten Petitionen des römischen Senats nachgegeben und ihm die Kultgelder für die vereinsamte Victoria geschenkt hatte. Es hat viel Mühe gekostet, ehe Eugenius beseitigt werden konnte. Erst 394, in einer Schlacht, in der Germanen gegen Germanen kämpften, wurde er überwunden und von den Soldaten umgebracht. Arbogast verübte Selbstmord.

Theodosius war kein genialer Herrscher, aber ein Ehrenmann und ein guter Mensch, der auch Unrecht einsehen konnte und einen Respekt vor den Männern der Kirche hatte. Mit seiner Fürsorge für die rechtgläubige katholische Kirche war es ihm ernst. Wenn er mit Eugenius seinen gefährlichsten Nebenbuhler aus dem Felde geschlagen hatte, so mußte er während des Aufenthaltes in Italien erkennen, daß der eigentliche Herr im weströmischen Reich der Mailänder Bischof war. Zwei Ereignisse sind hierfür charakteristisch.

Es war leider fast alltäglich, daß fanatisierte christliche Volksmengen nicht nur heidnische Kultstätten, sondern auch Synagogen zerstörten. So hatte um 388/89 der Bischof der Stadt Callinicum (am Euphrat) mit etlichen Mönchen die Bürger aufgefordert, die dortige Synagoge einzuäschern. Der über diese Tat empörte Kaiser befahl, die Schuldigen zu bestrafen. Sie wurden gezwungen, die Synagoge wiederaufzubauen und die jüdischen Kultgeräte zurückzugeben. Zu seiner Überraschung stieß er auf den heftigsten Protest des Mailänder Hierarchen, der nicht die Untat der Brandstifter, sondern des Kaisers Strafbefehl und Wiedergutmachungssanktion verdammte. Auf die Motive des Kaisers ging er gar nicht ein. Auch in Mailand sei eine Synagoge ein Raub der Flammen geworden, wofür er gern die Verantwortung tragen wolle. Aber unerträglich sei der Gedanke, daß man den Juden, nachdem die Tat nun einmal geschehen sei, noch den Triumph verschaffe, daß sie wieder in ihren Besitz kämen und die Christen bestraft würden. Die kaiserliche Maßnahme greife in das Gebiet der Religion, hier dürfe er nicht selbständig entscheiden, sondern müsse den Rat der Bischöfe einholen. Als Theodosius zunächst auf diese Strafrede nicht einging, griff Ambrosius zum Mittel der Kirchenzucht. Er sperrte dem Kaiser zunächst seinen Ehrenplatz in der Kirche und ließ ihn im Schiff unter der übrigen Gemeinde sitzen. Dann hielt er ihm eine Predigt, in der von Aarons Stab und der Rute des Jeremias die Rede war, um den Monarchen in die Zerknirschung zu führen. Dessen Verschwendung seiner Gnade an die Synagoge verglich er mit dem Kuß des Verräters Judas. Nicht genug damit: er lehnte es auch ab, das Meßopfer am Altar darzubringen, bis der Kaiser gelobt habe, daß ihn seine Milde gereue und er von einer Bestrafung der Christen – besonders des Bischofs – abzusehen bereit sei. Der fromme Kaiser gelobte es. Welch ein Bild! Vor wenigen Jahren noch undenkbar! Jetzt zwang ein Bischof einen Kaiser, der über ein Weltreich gebot, zur reuigen Unterwerfung für eine Tat, die nach dem Evangelium das Lob des Himmels verdiente.

Noch dramatischer war der andere Vorgang. In Thessalonich war es 390 bei einer Verhaftung zu blutigem Widerstand der aufgereg-

ten Menge gegen die Staatsgewalt gekommen. Der gotische Befehlshaber der Militärtruppe wurde erschlagen, andere Soldaten wurden verletzt. Im ersten Aufwallen seines Zornes befahl Theodosius, das Volk zu einem Schauspiel in den Zirkus einzuladen und dann die Zuschauer brutal niederzuschlagen. Als der inzwischen reuige Kaiser den Befehl zurückzog, war es zu spät. Mehrere tausend Menschen fanden bei dem Massaker den Tod. Als Ambrosius von der Bluttat erfuhr, tagte gerade in Mailand eine Synode. Er war um eine diskrete Behandlung bemüht. Aber in einem Brief forderte er den Kaiser zur Kirchenbuße auf, sonst könne er in seiner Gegenwart das Meßopfer nicht zelebrieren. Auch diesmal war Theodosius gehorsam. Mehrmals erschien er ohne kaiserliche Abzeichen vor dem ganzen Volk in der Kirche, warf sich auf den Boden und bekannte unter Tränen seine Sünde. Erst am Weihnachtstag desselben Jahres ließ der Bischof den Bußfertigen wieder zur Kommunion zu. Die symbolische Bedeutung beider Geschehnisse ist nicht zu verkennen. Kaum hätte ein morgenländischer Bischof gewagt, einen Kaiser öffentlich so zu demütigen. Im Falle Thessalonich rührte Ambrosius nicht so sehr das Blutbad an sich, sondern die Tatsache, daß ein rechtgläubiger Herrscher ketzerische, d. h. arianische Barbaren auf katholische Christen einschlagen ließ. Das ging gegen das Gesetz der Kirche. Der römische Kirchengeist empörte sich in ihm. In seiner Maßnahme sollte deutlich werden, daß auch der Kaiser *in* der Kirche stehe und sich ihren Gesetzen zu beugen habe. Anderseits anerkannte der Kaiser durch seinen Gehorsam, daß die Kirche nicht unter dem Staat stehe. In der Geschichte des römischen Papsttums hat gerade diese Rolle des Priesters das Verhältnis von Kirche und Staat bestimmt.
Theodosius ist im Januar 395 an der Wassersucht gestorben. Ambrosius hielt dem Toten eine großartige Gedächtnisrede, in der er diesen als Musterbild eines christlichen Herrschers pries. Zwei Jahre später starb auch Ambrosius. Die Führung des christlichen Abendlandes ging wieder an Rom über, wo nach einer Reihe von wenig markanten Pontifikaten mit *Leo I.* (440–461) der erste wahrhaft bedeutende Papst den Stuhl Petri bestieg.

Theodosius hatte die Verwaltung des Reiches unter seine beiden jugendlichen Söhne geteilt. Der wenig begabte *Arcadius* (395 bis 408) war 18 Jahre alt und erhielt den Osten. Ihn führte der Prätorianerpräfekt *Rufinus.* Der elfjährige *Honorius* erhielt den Westen. Für ihn führte die Regentschaft der Vandale *Stilicho.* Auf ihn ist es zurückzuführen, daß der verhaßte Rufinus schon im Jahre des Regierungswechsels von dem gotischen Heermeister Gainas ermordet und durch den Eunuchen Eutropius ersetzt wurde. Stilicho hatte des verstorbenen Theodosius Nichte und Adoptivtochter Serena zur Frau. Seinen Zögling Honorius band er noch fester an sich, indem er ihn mit seiner ältesten Tochter Maria, und nach deren frühem Tode mit seiner zweiten Tochter Thermantia verheiratete. Er war in dieser Zeit der wahrhaft mächtige Mann im Reich.

Die Germanen

Seit der Eroberung Galliens durch Julius Cäsar (58–51 v. Chr.) waren die festländischen Westgermanen Nachbarn des Römischen Reiches. Als der römische Feldherr damals durch die burgundische Pforte in das Elsaß eindrang, den Germanenherzog Ariovist über den Rhein zurückdrängte und zwei Jahre später am Niederrhein zwei andere germanische Stämme besiegte, war das der Anfang einer Entwicklung, die das politische und kulturelle Bild der europäischen Geschichte bestimmt hat. Cäsar war es, der den Namen »Germanen« in die Literatur eingeführt hat. Das Wort ist zweifellos keltischen Ursprungs und hatte bei Cäsar keine rassische, sondern eine rein politische Bedeutung. Es waren damit die »Nachbarn« gemeint, die jenseits der Rheingrenze wohnten. Unter *Drusus* und *Tiberius*, Stiefsöhnen des Kaisers Augustus, erfolgte dann die Eroberung der Alpengebiete (17–12 v. Chr.) mit der Gründung der Provinzen Raetia (Hauptort Augsburg) und Noricum (Kärnten, Steiermark). Im Norden war das Ziel die Errichtung einer Provinz Germania, die bis zur Elbe und Saale reichen sollte. Die Schlacht im Teutoburger Walde (9 n. Chr.) machte dieser Politik ein Ende. Kaiser Tiberius, der noch einmal seinen Neffen *Germanicus* nach dem Norden geschickt hatte, gab die offensive Germanenpolitik ganz auf. Rhein und Donau wurden endgültig die Grenze. Der militärischen Befestigung dieser Linie folgte später der künstliche Befestigungswall des Limes. Als Abriegelung hat er auf die außerhalb dieser Grenze lebenden Germanen geradezu umwälzend gewirkt. Es bildeten sich vom 2. Jahrhundert an völlig neue Stammeseinheiten. Die alten Namen verschwanden, ein Umschmelzungsprozeß größten Ausmaßes setzte ein, der auch das soziale Bild stark veränderte. Aus den neuen Zusammenschlüssen entstanden u. a. die Franken, Sachsen, Thüringer und Alemannen; östlich von diesen waren die Markomannen und Quaden mit sarmatischen Völkerschaften in Berührung gekommen; aus den böhmischen Stammessitzen sind nach Süden gezogene Gruppen als Baiowaren (= Bayern) aufgetreten.

Bis zum Ende des 2. Jahrhunderts war es an den Grenzen ziemlich

still. Aber dann geriet die von gärender Unruhe durchpulste Germanenwelt in Bewegung und drängte in rhythmischen Stößen gegen die römischen Befestigungswerke. Der früher bereits geschilderte Krisencharakter der inneren und äußeren Zustände des Reiches machte eine Verteidigung der nördlichen Grenzen, trotz mancher Einzelerfolge, immer schwieriger. Durch Abzüge von Truppen nach dem Osten, wo die Perser im Angriff waren, erlahmte die Kraft der Verteidigung, so daß die unhaltbar gewordene starre Barrikade des Limes zugunsten einer gestaffelten, beweglichen Front aufgegeben werden mußte. Um die Mitte des 3. Jahrhunderts war das Gebiet zwischen Rhein und Donau schon so gut wie verloren. Eine hin- und herpendelnde Einlaß-, Auffang- und Ansiedlungspolitik hatte Tausende von Germanen in die römischen Provinzen, bis tief nach Gallien hinein, geführt. Nur der diesen germanischen Scharen durch ihre Stammesverfassung mangelnde politische Sinn hatte es nicht dazu kommen lassen, daß sie in einem strategisch gesicherten Eroberungszug nach Italien und damit zum Herzen des Reiches vorstießen. So wurden sie die »Fremdarbeiter« des sinkenden Reiches. Man brauchte die Barbaren für die Feldarbeit und den Söldnerdienst. Indem die wehrtauglichen Männer willkommene Aufnahme in das Heer fanden, seit Konstantin sogar in hohe militärische Führungsstellen aufstiegen, begann eine folgenreiche germanische Unterwanderung der Streitkräfte des Reiches. Kühnen und begabten Einzelgängern gelang es, die Hände auch nach den Hebeln der Staatsmaschinerie auszustrecken, wie die schon genannten Beispiele gezeigt haben.
Dieses Eindringen der Westgermanen in das Römische Reich war der Anfang des als Völkerwanderung bezeichneten Vorgangs, der seinen Höhepunkt im 4. Jahrhundert erreichen sollte. Diese Völkerwanderung, die im Osten ihr Zentrum hatte und bald die gesamte Germanenwelt mobilisierte, stand in Zusammenhang mit universalen Völkerbewegungen, die in Asien ihren Ausgang genommen hatten. Dort hatten die Chinesen, die unter den Kaisern der Han-Dynastie (206 v. Chr.–220 n. Chr.) zu einem einheitlichen Großreich zusammengeschlossen wurden, lange Zeit unter den Angriffen des nomadischen Reitervolkes der Hunnen zu leiden. Erfolgreich für die Abwehr war seit der Mitte des 3. vorchristlichen Jahrhunderts u. a. die Anlage eines Limes, die sogenannte Chinesische Mauer, ein aus Lehm und Holz hergestellter Wall mit Wachttürmen und Festungen, der erst um 1400 n. Chr. durch eine steinerne Mauer ersetzt wurde. Die Folge war, daß die Hunnen allmählich ihre Angriffe aufgaben, die Richtung ihrer Züge wechselten und sich künftig westwärts wandten. Nach Überrennung der

iranischen Alanen stießen sie in Südrußland auf die dort ansässigen Goten. Diese hatten um die Mitte des 2. Jahrhunderts ihre heimatlichen Sitze in Südschweden, von der Insel Gotland und der baltischen Ostseeküste bis zur Weichselmündung, verlassen und sich in südöstlicher Richtung auf die Wanderung begeben. Vor oder gleichzeitig mit ihnen waren auch andere Ostgermanen in Bewegung geraten: Burgunder, Vandalen, Semnonen, Chauken, Langobarden und eine weitere Anzahl von Splitterstämmen. Die Goten landeten im Schwarzmeergebiet, auf der Krim und in den Gebieten zwischen Dnjestr und unterer Donau. Eine Teilung in Ost- und Westgoten fand statt, was nichts mit der geographischen Lage der Siedlungsgebiete zu tun hat. Die sogenannten Ostgoten (ostro = die Glänzenden) saßen vornehmlich in den steppenreichen Ebenen am Schwarzen Meer; die Westgoten in den Waldgebieten an der unteren Donau, zwischen Siebenbürgen und der Walachei. In den neuen Siedlungsgebieten stießen sie auf die hellenistisch-orientalische Kultur und wurden vor allem vom Wesen der dort ansässigen sarmatisch-iranischen Völker durchdrungen. Auf ihren Raubzügen in das Reichsgebiet stießen sie mit den Römern zusammen, erlitten manche heftige Niederlagen, wie etwa 269 durch Claudius II. bei Nisch in Mösien und durch Konstantin 323 in Thrakien. Ein Teil von ihnen wurde jedoch schon damals (332) angesiedelt. In jener Zeit fanden sie auch erste Berührung mit dem Christentum. Zu einer teilweisen Annahme kam es durch *Ulfila* (311–383), Enkel eines kleinasiatischen Kriegsgefangenen. *Ulfila* hatte einen gotischen Vater, eine griechisch-kappadocische Mutter. Zum Prediger des Christentums bestimmt, das er wahrscheinlich in Antiochien kennengelernt hatte, wurde er 341 von dem antinicänischen Euseb von Nikomedien, damals Patriarch von Konstantinopel, zum Bischof der Goten geweiht. Er gehörte als solcher der Reichskirche nicht an. Das hing nicht mit dem »arianischen« Bekenntnis zusammen, das damals in der Reichskirche gültig war. Man kann auch nicht sagen, daß das arianische Bekenntnis, für das es ja keine feste und allgemeingültige Formulierung gab und das im Streit der homöischen Theologen viele Varianten hatte, deshalb von den Goten, wie später von allen anderen Ostgermanen, akzeptiert wurde, weil es ihren religiösen Vorstellungen besser entsprach. Das »arianische« Christentum des Ulfila war frei von jeder christologischen Spekulation. Wohl betonte er die Unterordnung des Logos unter den Vater, aber es wäre doch abwegig, hierin eine den Germanen besonders entgegenkommende Denkweise zu erblicken. Wenn diese damals theologisch überhaupt tiefer nachgedacht haben, mußte ihnen die Christologie des arianischen Lehrschemas genauso unbegreiflich sein wie die orthodoxe. Ulfila, der seinem Volke eine fast vollständige Übersetzung der Bibel ins Gotische geschenkt hat, war es vornehmlich darum zu tun, nichts zu lehren, was sich seiner Auffassung nach nicht mit dem Wortlaut der Bibel vereinbaren ließ.

Das Christentum fand zunächst nur Eingang bei den Westgoten, bei diesen auch nur zu einem Teil. Denn als sich einer der Gaufürsten, *Athanarich*, offen gegen die Einführung einer aus dem Römischen Reich stammenden Religion wandte, flüchtete Ulfila mit seinen Anhängern auf römisches Reichsgebiet, wo er unter Constantius II. in der Gegend des heutigen Bulgarien neue Wohnsitze fand. Der Vorstoß der Hunnen aus dem Gebiet des Kaspischen Meeres, zusammen mit den iranischen Alanen, brachte die gesamte Gotenwelt in größte Unruhe. Die Ostgoten wurden überrannt, ihr hochbetagter König *Ermanarich* gab sich selbst den Tod. Die Westgoten konnten unter Athanarich nach Westen ausweichen, der zu ihm in Gegensatz stehende christliche *Fritigern* fand mit seinem Anhang (etwa 40000 Menschen, darunter 8000 Krieger) Aufnahme durch Kaiser Valens, der sie als »Bundesgenossen« in der thrakischen Diözese ansiedelte. Gegen ein Jahrgeld sollten sie Rekruten für das Heer stellen. Da sie jedoch denkbar schlecht untergebracht wurden, unwirtliche Berggegenden ihnen nicht hinreichend Nahrung boten, außerdem die römische Verwaltung für sie nicht das geringste Interesse aufbrachte, trieben sie Not und Unzufriedenheit zum Aufstand. Sie fanden Unterstützung bei Ostgoten, Hunnen und Alanen, die über die Donau einströmten. In der Schlacht bei Adrianopel errangen sie einen vollständigen Sieg (378). Kaiser Valens verlor Schlacht und Leben. Ganz Mösien und Thrakien gingen verloren. Die Goten wieder aus dem Reichsgebiet zu verdrängen war unmöglich. Andererseits wurde in zunehmendem Maße deutlich, wie sehr man die Germanen an allen Fronten im Militärdienst für die Reichsverteidigung brauchte. So war die Germanenpolitik ein ständiges Taktieren mit verschiedenen Arten von Vertragsabschlüssen.

Nach dem Tode des Theodosius, der eine maßvolle, auf versöhnlichen Ausgleich ausgerichtete Gotenpolitik verfolgt hatte, kam am oströmischen Hofe eine antigermanische Richtung zur Herrschaft. Haupt dieser Tendenz war die Kaiserin Eudoxia, Tochter des fränkischen Heermeisters Bauto. Auf sie ist es zurückzuführen, daß im Jahre 400 in Konstantinopel unter den dort von Kleinasien her eingedrungenen Goten ein gräßliches Blutbad angerichtet wurde. Etwa 7000 Goten kamen ums Leben. Ihr Führer Gainas konnte fliehen, wurde aber bald von den Hunnen umgebracht. Natürlich war damit die Germanenfrage keineswegs »gelöst«, der Gegensatz nur erst recht deutlich geworden. Das unruhige Element waren jedoch die Hunnen, die auf ihren ruckartig hin- und hergehenden Vorstößen die nicht unter ihrer Herrschaft stehenden Germanenvölker ständig umhertrieben.

Zu Beginn des 5. Jahrhunderts setzte ein großer Germanensturm ein. Als Getriebene und Erobernde fielen Scharen ostgermanischer Völker unter dem Ostgotenkönig Radageis in Italien ein, kamen bis Florenz, wo Stilicho, unter Abziehung aller Truppen vom Rhein, sie noch einmal zurückschlagen konnte, was zur Folge hatte, daß ein weiterer Völkerstrom den Rhein überschritt und nach Gallien, Spanien und Portugal drang. Gleichzeitig erhoben sich die Westgoten unter ihrem König Alarich und zogen raubend und plündernd durch die Balkanhalbinsel bis zum Peloponnes und verwandelten Griechenland in eine Wüste. Da reifte in Konstantinopel der Plan, Alarich durch geschickte Verhandlungen – man ernannte ihn zum Heermeister von Nordillyrien – in das weströmische Reich abzuschieben. Illyrien war seit 395 Gegenstand eines Grenzstreites. Indem Alarich in das nördlich der Save und Drina liegende Pannonien eingewiesen wurde, entstand jene historische Grenze, die konfessionell bis heute noch wirksam ist: der Gegensatz der katholischen Kroaten zu den griechisch-katholischen Serben.

Alarich war der verschlagene, raffgierige Typ eines Condottiere, dem jedes Mittel recht war, um zu Gewinn zu kommen. Stilicho mußte das ausnutzen, oft wider seine eigene Überzeugung. Gegen 4000 Pfund Gold trat Alarich auf Stilichos Seite, was wiederum dazu führte, daß Stilicho, von seinen Gegnern des Verrats bezichtigt, 408 in der Kirche von Ravenna ermordet wurde. Für Alarich war damit der Weg nach Italien frei. Der feige, entschlußlose und in seiner Residenz Ravenna verbarrikadierte Honorius ging auf Alarichs Forderungen nicht ein. Dieser zog darauf quer durch Italien, plünderte Rom drei Tage lang und zog dann mit reichem Beutegut – darunter die 21jährige Stiefschwester des Kaisers, Galla Placidia – südwärts. Kurz vor der Überfahrt nach Afrika starb er eines plötzlichen Todes. Nachfolger wurde sein Schwager *Athaulf*, der den afrikanischen Plan aufgab, Galla Placidia heiratete und als Verbündeter Westroms in Südgallien ein westgotisches Reich gründete (415). Im Jahre 429 zogen die Vandalen unter ihrem König Geiserich von Südspanien (Andalusien) nach Nordafrika und gründeten dort ein von Rom unabhängiges arianisches Germanenreich.

Während die Provinzen des weströmischen Reiches bis zu den Säulen des Herkules in die Gewalt germanischer Eroberer fielen, wuchsen die bisher aus zahllosen Einzelstämmen bestehenden

Hunnen zu einem Großreich zusammen. Attila, nach Ermordung seines Bruders Bledel zum Alleinherrscher aufgestiegen, weitete seinen Machtbereich von den Ufern der unteren Donau nordwärts über Böhmen, Mähren, westwärts über Mittel- und Süddeutschland bis nach Gallien hin aus. Das bedrohte Ostrom konnte sich nur durch immer neue Tributzahlungen vor dem Ärgsten schützen. Zu einer Krisis kam es durch das eigenwillige Dazwischentreten der Schwester des Kaisers Valentinian III. (425–455), *Honoria*. Beide waren Kinder der Galla Placidia aus deren zweiter Ehe mit dem römischen General Constantius. Die Prinzessin war nach einem nicht ohne Folgen gebliebenen Liebesverhältnis mit ihrem Vermögensverwalter an den oströmischen Hof geschickt worden, wo die ebenso gebildete wie sittenstrenge Pulcheria, Schwester des Kaisers Theodosius II. (408–450), sie harten Bußübungen unterwarf. Um dieser ledig zu werden, bot sich Honoria dem polygamen Hunnenkhan als Gemahlin an. Attila ging darauf ein. Aber als er Braut und Mitgift (Gallien) forderte, wurde ihm das abgeschlagen. Ostrom verweigerte sogar die Weiterzahlung der Tribute. Honoria wurde eilig mit dem römischen Jahreskonsul vermählt und verschwand hinter den Mauern des Kaiserpalastes in Ravenna. Das war für Attila das Signal zum Losschlagen.

In der Völkerschlacht auf den Katalaunischen Feldern (451 in der Nähe von Troyes) haben Germanen gegen Germanen gekämpft. Der Feldherr Aëtius, der »letzte Römer«, hatte Mühe gehabt, ein Heer zusammenzubringen. Ein Gewinn war es, daß die Westgoten mit ihrem König Theoderich I. mitmachten. Die Behauptung, daß der Vandalenkönig Geiserich die Hunnen zum Angriff auf Gallien und das westgotische Aquitanien verlockt habe, weil er Theoderichs Rache fürchtete, dessen Tochter er wegen Mordverdachts dem Vater mit abgeschnittenen Ohren und Nase zurückgeschickt hatte, ist unbegründet. Die Schlacht endete unentschieden. Aber Aëtius war strategisch der Sieger. Denn Attila hatte nicht gewagt, den wegen hereinbrechender Nacht zunächst abgebrochenen Kampf am nächsten Tage fortzusetzen, sondern ist unter Zurücklassung eines Teils der Beute mit seinem Heer abgezogen. Aëtius wiederum hat alle Überredungskünste aufbieten müssen, um die Westgoten, die den Schlachtentod ihres Königs rächen wollten, davon abzuhalten, den Hunnen nachzujagen. Offensichtlich fürchtete er von einer möglichen völligen Vernichtung Attilas ein zu großes Übergewicht der germanischen Sieger.

Attila hat den Krieg im nächsten Jahr erneuert und ist plündernd in Oberitalien eingefallen. Damals flohen die Bewohner des völlig zerstörten Aquileia auf die Lagunen; es war der Anfang der

Entstehung von Venedig. Bei der Gesandtschaft, die der bestürzte Valentinian Attila entgegenschickte, um diesen von Rom fernzuhalten, befand sich auch Papst Leo I. Die Begegnung, die vor Mantua stattfand, wurde in der Legende verklärt. Wahrheit und Dichtung sind schon deshalb nicht zu unterscheiden, weil eine ähnliche Szene 455 vor Rom stattgefunden haben soll, als die Vandalen die heilige Stadt überfielen und Leo bei Geiserich erreichte, daß Rom 14 Tage lang nur tüchtig geplündert, aber nicht niedergebrannt werden solle. Aber wie immer es um die Begegnung Leos mit der »Gottesgeißel« gestanden haben mag, der symbolhafte Charakter jenes Ereignisses ist nicht zu leugnen. Raffael hat die Erzählung in den welthistorischen Bilderreihen in den Stanzen des Vatikans festgehalten: zu den Häupten des Kirchenfürsten erscheinen in den Lüften die Apostel Petrus und Paulus mit gezückten Schwertern, die den Hunnenfürsten so in Furcht versetzen, daß er den Raubzug abbricht. Die Deutung ist einfach: der Sieg der römischen Kirche und ihres Oberherrn über das heidnische Barbarentum. Sie war in dem allgemeinen Zerfall aller Autoritäten die einzige in die Zukunft weisende Institution. Die alten Götter waren endgültig dahin, die römische Kirche war als die reifste Frucht des sinkenden Altertums Erbin des römischen Wesens.

Unter weiteren kirchengeschichtlichen Perspektiven gewinnt auch die Schlacht auf den Katalaunischen Feldern ihre besondere Bedeutung. Attila ist für die Germanen eine Schicksalsgestalt gewesen. Die in seinem Gefolge befindlichen Germanen, wie etwa die Gepiden, Skiren, Quaden, Rugier und Teile der Ostgoten, sind später innerhalb der byzantinischen Welt von anderen Völkergruppen aufgesogen worden oder, wo sie wie die mit den Alanen verbündeten Vandalen in Afrika oder die nach Italien ziehenden Ostgoten bei ihrem arianischen Bekenntnis blieben, in der Katastrophe des von Justinian im 6. Jahrhundert geführten Vernichtungskrieges untergegangen. Die auf der Seite des Aëtius kämpfenden Germanen haben nacheinander im Bereich des westeuropäischen Raumes Fuß gefaßt und sich dem hier geltenden römischen Glauben angeschlossen oder sind wie die spanischen Westgoten und die Burgunder zu ihm übergetreten. Sie verschmolzen mit der romanischen Bevölkerung und wurden so mitbeteiligt an der Entstehung der christlichen Kulturwelt des Abendlandes. Aber auch die aus dem Zerfall des Hunnenreiches freigewordenen Völkergruppen, die sarmatischen Alanen und Magyaren, später als Ungarn bekannt, fanden ihren historischen Ort und ihre nationale Bestimmung erst, als sie im 10. Jahrhundert, wie die slawischen Polen und Tschechen, durch Annahme des römisch-katholischen Glaubens in die westeuropäische Völkergemeinschaft einrückten.

Formen des christlichen Lebens

Das Christentum ist aus einem Meer von Blut und Tränen aufgestiegen. Es wurde in den Krankheitsprozeß des römischen Reiches mit hineingerissen und hat alle Leiden der Menschheit jener Jahrhunderte erfahren müssen, ohne doch von den Fiebern überwältigt zu werden. Den Untergang der Antike hat es nicht verursacht, aber es konnte ihn auch nicht aufhalten. Das Sterben der alten Götter war unaufhaltsam. Gnosis, Neuplatonismus und Sonnenkult, so verführerisch sie auch die junge Kirche umschmeichelten, boten keine Heilkräfte für die Zukunft. Die Anerkennung durch den Staat, womit dieser seine verfehlte Religionspolitik eingestand, brachte eine neue Wende für die Kirche. Die Reichskirche stieg zu einer privilegierten Institution auf, die Glanz und Ansehen ausstrahlte und sich des Einsatzes weltlicher Gewalt in Glaubensfragen erfreute. Aber sie wurde damit im oströmischen Reich ein Teil byzantinischer Staatskunst. Die Herrscher wurden gebietendes Oberhaupt der Kirche. Die führenden Bischöfe (Metropoliten und Patriarchen) bedienten sich nur zu rasch der Herrschaftspraktiken dieser Theokratie. Der dogmatische Prinzipienstreit der Theologen, der gerade in der ersten Hälfte des 5. Jahrhunderts, als das Reich von schwersten Kämpfen heimgesucht wurde, auf den Höhepunkt stieg, verdeckte nur notdürftig, daß die Zwangseinheit der Kirche im Spiel weltgeschichtlicher Entscheidungen zu zerbrechen drohte.
Über die im praktischen Leben sich äußernde Glaubenshaltung einzelner Christen ist so gut wie nichts zu erfahren. Zeugnisse von Laien, die allein von Belang wären, sind nicht vorhanden. Man hat den Eindruck, als hätte sich Kirchengeschichte nur in den literarisch tätigen Oberschichten abgespielt. Gewiß: die Menge war lebendig geworden, namentlich im Osten. In den Weltstädten hatte der theologisch-kirchenpolitische Streit auch das Volk der Straße in Bewegung gesetzt. Intelligent und neugierig, mit mehr launigem Witz, zerbröckelte man die frommen Begriffe in die Umgangssprache des Alltags. Denn anders ist wohl die spöttische Schilderung des hochgebildeten, ganz in die Stille des eigenen Denkens vermauerten Gregor von Nyssa nicht zu verstehen, die er von einem Besuch in Konstantinopel gab: »Alles ist voller Leute, die von den unbegreiflichen Dingen reden, in Hütten, Straßen, Plätzen, auf

Märkten und Kreuzwegen. Erkundige ich mich, wieviel Obolen ich zu zahlen habe, antworten sie mit Philosophemen über »gezeugt« und »ungezeugt«. Wünsche ich den Preis eines Brotes zu erfahren, so antwortet einer: Der Vater ist größer als der Sohn. Ich frage, ob mein Bad schon fertig ist. Da heißt es, der Sohn ist aus dem Nichts erschaffen worden.« Das Ganze ist nicht mehr wert als das politische Geschwätz, das man heute in jeder Großstadt mit einem Taxifahrer haben kann, aber doch kennzeichnend für die Mobilität des kleinen Mannes. Religion war damals das politische Gespräch der Straße. Für das innere Glaubensleben des einzelnen Christen besagen derartige Schilderungen gar nichts. Aber der »Mann der Straße« war seit der Gesetzgebung des Theodosius auch »Christ«. Das Verbot der heidnischen Kulte, gleichfalls das Verbot aller Häresien, hatte die Menge in die allein rechtmäßige orthodoxe Kirche getrieben. Die meisten dieser »Amts«- bzw. »Reichs«christen sind Katechumenen geblieben und haben die Taufe auf die Zeit kurz vor dem Lebensende verschoben, waren also nicht Vollglieder der Gemeinde. Denn nach wie vor hielt die Kirche daran fest, daß nur der Getaufte wirklich Mitglied der Gemeinde sei und am Abendmahl teilnehmen dürfe. Getauft wurden auch damals noch nur Erwachsene, Kinder nur im schweren Krankheitsfall. So bestand auch der Gottesdienst wie bisher aus zwei Teilen: Predigt und Abendmahl. Beim Abendmahl mußten die Ungetauften die Kirche verlassen, ebenso die Büßenden, d.h. die unter Kirchenzucht stehenden Glieder. Über die Zahl der Kirchenbesucher liegen keine Angaben vor. Bei gleichzeitigen weltlichen Veranstaltungen (Sport, Pferderennen usw.) blieben die meisten vom Gottesdienst weg, wie in den großen Städten die Bevorzugung rhetorischer Talente unter den Predigern eine große Rolle spielte. Star unter den Predigern war Johannes von Antiochien, später genannt Chrysostomus. Dieser »Goldmund«, der tatsächlich die Kirche »füllte«, war in seinen Predigten ebenso biblisch wie praktisch-polemisch, ein harter Bekämpfer der Juden und Ratgeber der Notleidenden. Er wurde schließlich nach Konstantinopel gerufen, wo er allerdings im Intrigenspiel zu Fall kam und verbannt wurde. Erst 31 Jahre nach seinem Tod wurden seine Gebeine in die Apostelkirche überführt.

Das Leben *in* der Kirche war durch die gottesdienstlichen Ordnungen festgelegt. Wie stand es jedoch mit dem christlichen Leben außerhalb dieser Ordnungen? Gemeint sind die Erscheinungen und Äußerungen, die auf dem Boden einer Volksfrömmigkeit erwuchsen und von dieser auf die Kirche zurückwirkten und denen sich Kirche und Theologie nicht entziehen konnten.

Das Bedürfnis des frommen Menschen zielt auf Anschaulichkeit. In der immer reicher ausgestalteten Feier der Eucharistie erfuhr man in Anbetung und Opfer die Gegenwart des heiligen Mysteriums. Aber die Sehnsucht des frommen Menschen verlangte nach weiteren Zeichen der Heiligung des Daseins. Nachdem nach der Anerkennung des Christentums Kirche und Staat einen Bund eingegangen waren, drohte der Unterschied zwischen Kirche und Welt sich zu verwischen. Die Masse der Unentschiedenen, der »Lauen«, überspielte die zahlenmäßig geringe Schar der »Entschiedenen«. Gehörte früher Mut dazu, sich zur christlichen Gemeinde zu bekennen, so war jetzt Christentum eine Art kultureller Lippenstift zur Erlangung öffentlichen Ansehens. Gegen diese Verweltlichung kehrte sich die Opposition derer, die »mit Ernst« Christen sein und bleiben wollten. Das geschah auf verschiedene Weise. Die Märtyrer, die ihren Glauben mit dem Tode besiegelt hatten, hatten schon immer Verehrung erfahren. Jetzt entstand ein ausgesprochener Märtyrerkult. Sie waren die Heiligen, deren Andenken an ihren Todestagen, da sie gleichsam in zweiter Geburt in die himmlische Welt hinübergingen, gefeiert wurde. Die Gräber dieser Heiligen wurden geschmückt und in den ihnen geweihten Kapellen ihrer in feierlichem Ritual gedacht. Aber nicht nur in der bloßen *Erinnerung* lebten diese Märtyrer fort. Bald setzte sich der Gedanke durch, daß ihren Reliquien eine besondere Wunderkraft innewohne. Die Kirche hat die erzieherische Bedeutung dieser religiösen Strömung rasch erkannt, sie aufgegriffen und mit ihren Mitteln gefördert. So entstanden Heiligenkalender, deren Daten in den Rhythmus der kirchlichen Feste eingegliedert wurden. Bald wurden überall Heiligenreliquien (Kleiderstücke, Blutstropfen, Skelettreste), oft vollständige Gebeine, die dann an geweihten Orten aufbewahrt wurden, entdeckt. Aber auch Holzsplitter vom Kreuz Christi wurden gefunden. Bekanntlich soll die Mutter Kaiser Konstantins, Helena, auf ihrer Palästinareise gleich drei Kreuze entdeckt haben, nämlich das des Herrn und der beiden mit ihm hingerichteten Schächer. Welcher der drei Querbalken Jesus trug, wurde unter Mithilfe höherer Lenkung festgestellt. Einige Teile gingen nach Konstantinopel, das Hauptstück wurde in einem silbernen Schrein in der Jerusalemer Grabeskirche untergebracht. Der schwunghafte Handel mit diesen Reliquien wurde später zu einem heiligen Geschäft und nahm immer groteskere Formen an. Die Frage nach der Echtheit wurde angesichts des Hungers nach ihrer Wunderkraft unwesentlich. Dahinter stand ein kompakter Aberglaube, der im heidnischen Heroenkult seine Wurzel hatte. Die alten Götter waren auf amtliche Anordnung tot. Maskiert als

Dämonen und böse Geister, die durch die in den Wunden der Märtyrer ruhende Kraft Christi verscheucht werden sollten, drangen sie in die Gemeinden ein. Es war ein kleiner Schritt, der vom Heiligenkult zum Bilderkult führte. Die Wunderkraft der Heiligen übertrug man auf die entsprechenden Darstellungen auf den Bildern, die seit dem 6./7. Jahrhundert durch Küssen, Kniebeugen, Kerzen und Weihrauch verehrt wurden.

Die Welt war christlich geworden, aber es war schwer, in dieser Welt Christ zu *sein.* Das mußten besonders die empfinden, denen es um ein Gott wohlgefälliges Leben ging. Aus dieser Not ist das *Mönchstum* entstanden. Weltentsagung, Askese, hat es auch schon vor und neben dem Christentum gegeben. Man denke an die Einsiedler Indiens oder Ägyptens, auch an philosophische Lebensregeln im Gefolge der Neuplatoniker. Aber erst im Christentum, und auch hier von einem gewissen Zeitpunkt an, ist die radikale Absage an die sündige Welt zur Prüfung des Gewissens geworden. Man berief sich auf den biblischen Propheten Elias, auf Johannes den Täufer, und wenn Jesus seine Jünger nicht direkt zur Weltflucht aufgefordert hat, so lag doch in der Berufung zur Nachfolge, im Trachten nach dem Reich Gottes, die Entäußerung von allem, was hemmend oder hinderlich sein könnte, beschlossen. Solange die christliche Mission bewußt im Zeichen der bevorstehenden Weltwandlung durch die erwartete Wiederkunft Christi verlief, bestand hier kein ernsthaftes Problem. Die Christen lebten gesondert von der heidnischen Welt. Aber schon die ersten unumgänglichen Begegnungen mit der Umwelt und der Übergang zu festen, auf eine Dauer berechneten Ordnungen riefen bei vielen Bedenken hervor. Man erinnere sich der Kritik der Montanisten und ihrer strengen Forderung der Askese. Je mehr man eine zunehmende Verweltlichung der Kirche beobachtete, ein geschicktes Taktieren, um drohenden Verfolgungen zu entgehen, je deutlicher schließlich der mit dem Staat geschlossene Bund die unabwendbaren Folgen zutage treten ließ, desto bedrängender brach bei vielen Frommen die angstvolle Frage auf, ob diese Weltfrömmigkeit nicht sündhaft und dem Willen Gottes zuwider sei. Offenen Widerstand zu leisten war nutzlos, zumal die Oberschicht des Klerus am wenigsten Vorbild war und keine Bedenken hatte, mit den in angesehenen Stellungen befindlichen Scheinchristen engen Umgang zu pflegen. Helfen konnte nur das bessere Beispiel einzelner. Der urchristliche Gedanke der Fremdlingschaft des Christen auf dieser Erde erfuhr eine Steigerung ins rigoros Realistische. Ehe, Familie, Besitz muß der aufgeben, dem die Gottesgemeinschaft höher steht als aller irdische Genuß. Denn: »wer sein Leben liebt, wird es verlieren;

wer sein Leben in dieser Welt haßt, wird es zum ewigen Leben bewahren« (Joh. 12,25). So galt in erster Linie das Geschlechtsleben, von den Frommen wohl immer nur als ein Zugeständnis des Schöpfers an die Sinnlichkeit empfunden, als das größte Hindernis einer reinen Hingabe an Gott. Keuschheit beim Manne wie beim Weibe wurde höchstes Ziel auf dem Wege zur Heiligung. In den religiösen Vorstellungen der orientalischen Völker, besonders im Judentum, war die Frau ein Wesen minderen Ranges. Der natürliche Lebensrhythmus ihres Organismus machte sie zeitweilig kultisch »unrein«. Andererseits bot ihre Leiblichkeit den Anreiz zu sündhafter Verführung. Wenn in den Spekulationen der Gnosis der Helena-Mythos eine phantastische Ausdeutung erfuhr, die Schönheit der Helena mit der Demut der vor Jesus knienden großen Sünderin als Einheit einer »heimlichen Weisheit« der Erlösung erschien, so hat diese Lehre schon bei Justin zornige Ablehnung erfahren. Des Paulus Richtlinien zur untergeordneten Stellung der Frau in der christlichen Gemeinde dürften im bewußten Gegensatz zu gnostischen Schwärmereien ausgesprochen worden sein. Jetzt, als Askese und mystische Einkehr die frommen Gemüter zu beherrschen begannen, wurde die unberührte Frau das Sinnbild der Heiligen. Damit hängt es zusammen, daß jetzt auch eine besondere Form der Marienverehrung aufkam. Nicht mehr die Mutter Jesu, die in der christlichen Verkündigung immer ihren Platz gehabt hat, sondern die unbefleckte Jungfrau, die Madonna, die Mutter Gottes, ragte bald über alle Kalenderheiligen hinaus. Man darf hier den Einschlag des ägyptischen Isis-Kults und des ephesinischen Artemis-Kults annehmen.

Ägyptische Fellachen und syrische Palästinenser waren die ersten christlichen Einsiedler, die in der Nähe ihrer Wohnorte in die Wüste zogen, dort ihre Zelte aufschlugen, um ein zurückgezogenes Leben zu führen. Aber es war doch nur ein halbes Eremitentum, weil es die Rückkehr nicht ausschloß.

Als erster Mönch im Vollsinne des Wortes ist *Antonius* (ca. 251 bis 356) zu nennen, der unter dem Eindruck einer Predigt über den reichen Jüngling (Matth. 19,16–22) den Entschluß faßte, der Welt völlig zu entsagen. Die Wüste wurde ihm zum Asyl, um sich Gott ganz als Opfer darzubringen. Mehrmals hat er den Ort gewechselt, einmal im Zuge der Christenverfolgungen. Anfänglich versorgten ihn Freunde mit Brot, er empfing auch Besuch von Neugierigen, die den Wundermann bestaunen wollten. Andere blieben in seiner Nähe und störten die Stille, die er gesucht hatte. So zog er sich schließlich noch weiter zurück, hauste in einem Grabgewölbe und verzichtete auf alle menschliche Hilfe. Die Entbehrungen, die er auf sich nahm, waren so furchtbar, daß nur ein gesunder Organismus sie überstehen konnte. Athanasius, der, ihn bewundernd, sein Leben beschrieben hat, schildert nicht nur die Bravourleistungen des Asketen, sondern gab auch die Vision, den Kampf mit den Dämonen, die als fratzenhafte Ungeheuer auf ihn eindrangen, als geschichtliche Tatsachen wieder. Als er im hohen Alter von 105 Jahren starb, galt er für alle Weltflüchtigen, die ihm nacheifern wollten, als der Meister christlichen Eremitentums. In Scharen zogen bald Männer und Frauen in die Wüste. Es gab in diesen Klostergemeinschaften, wozu sie sich zusammenfanden, auch bizarre Auswüchse, lebte doch jeder nach seinem Willen. Manche kletterten auf hohe Säulen, hockten auf deren Spitze, im Gebet versunken, ließen nur einen Korb hinunter, um von der sie begaffenden Menge etwas Brot zu erbitten. Der erste, der in diesen tollen Wirrwarr mönchischen Eigenlebens Ordnung hineinbrachte, war *Pachomius* (292–346). Bevor er Mönch wurde, war er Soldat. Als Mann von Disziplin konnte ihm das Klosterleben, wie es allenthalben anzutreffen war, nicht imponieren. Denn unter den Weltflüchtigen waren nicht nur Gottsucher und mystische Asketen, sondern viel aus der Bahn geworfenes Vagabundentum und arbeitsscheues Gesindel, das den Ruf dieser Klosterkolonien herabsetzte. Die von Pachomius aufgestellten Regeln waren von militärischem Zuschnitt. Hauptpunkte waren: unbedingter Gehorsam gegen den Abt; strenges Beachten des Gebotes der Keuschheit, Verzicht auf Privatbesitz; dazu Erwerb des Lebensunterhaltes durch Handarbeit. Ein Eintrittsgelübde war nicht vorgeschrieben, auch konnte der Rücktritt vom Klosterleben jederzeit erfolgen. Das Konzil von Chalcedon (451) hat die Regeln anerkannt, jedoch zusätzlich bestimmt, daß der Aufenthalt im Kloster lebenslänglich sein sollte und die Klöster der Aufsicht der Bischöfe unterliegen.

Im Westen hat sich die mönchische Bewegung erst seit 370 bemerkbar gemacht und war zunächst auf Einzelpersonen beschränkt. Hier ist als bekannteste, wenn auch eigentümlichste Gestalt der aus Dalmatien stammende *Hieronymus* (340–420) zu nennen. Mit Ambrosius und Augustin gehört er zu den großen Lehrern der lateinischen Kirche. Er war Gelehrter und Bildungsmensch von hohem Rang, dabei ehrgeizig und eitel, charakterlich nicht gerade von besonderer Festigkeit. Das Christentum trat ihm in Form der asketischen Modeströmung entgegen, die damals auch in den römischen Bildungsschichten ihre prickelnde Wirkung ausübte. Auf einer Reise in den Orient wurde er der dortigen Klostersiedlungen ansichtig, die ihn tief beeindruckten. Aber die Felsengrotte in der syrischen Wüste, in die er für rund zwei Jahre, nicht zu weit von der Stadt entfernt, sich verkroch, wurde zur Gelehrtenklause. Er brachte dort seine Bibliothek unter, empfing Besuche und führte einen umfangreichen Briefwechsel. Nach einem Aufenthalt in Konstantinopel, wo er die griechische Theologie kennenlernte, kam er wieder nach Rom, wo seine Glanzzeit unter Papst Damasus begann. Er wurde dessen theologischer Berater und Archivar. Bei des Papstes Fürsorge für die Katakomben, die übrigens niemals Zufluchtsstätten für die verfolgten Christen waren, hat er diesem bei der Anbringung der Inschriften auf den marmornen Grabtafeln philologische Hilfe geleistet. Rasch lernte er die am Heiligen Stuhl üblichen Umgangsformen in Eloquenz und Lebensstil beherrschen. Er schwamm nie gegen den Strom, vergewisserte sich auch in seinen polemischen Schriften stets der notwendigen Deckung »von oben«. »Wer mit dem Stuhl Petri verbunden ist, der ist mein Mann«, hieß es in einem Brief, »denn auf diesen Felsen weiß ich die Kirche gebaut«. Er liebte die vornehme Gesellschaft und mied den Umgang mit einfachen Menschen. Zu der geistigen Gemeinschaft mit dem Kirchenfürsten trat der religiös-gesellige Verkehr mit den Damen des römischen Adels, die sich von dem gelehrten Asketen gern in die strenge Zucht der Heiligung durch Entsagung nehmen ließen. Der konsequente Junggeselle wurde von diesen lebenssatten und dem Nonnenideal zueifernden Aristokratinnen schwärmerisch verehrt. Er wurde ihnen Beichtvater und Exerzitienmeister der Askese. Wie er selber diesen Frauen gegenüber empfand, hat er einmal folgendermaßen ausgedrückt: »Wenn irgendeine Frau mein Herz bezwingen konnte, dann nur so: sie mußte trauern und fasten, sie mußte vor Schmutz starren und von Tränen nahezu erblindet sein . . ., ihre Last die Enthaltsamkeit und ihr Lebensinhalt das Fasten.« Er hatte, wie sich denken läßt, viele Neider und ausgesprochene Gegner. Das zeigte sich besonders, als sein hoher Protektor Damasus starb und fast zur gleichen Zeit der Tod einer seiner feurigsten Schülerinnen, infolge der ihr auferlegten asketischen Strapazen, den römischen Klerus und große Teile der Bevölkerung in Erregung versetzte. Hieronymus hielt es für geraten, Rom zu verlassen und eine fromme Wallfahrt nach Jerusalem anzutreten. Seine Freundin, die reiche Paula, Witwe und Mutter der an Entkräftung verstorbenen Asketin, zog mit. In Bethlehem wurde dann eine Anzahl von Klöstern gegründet, in ziemlicher Entfernung von den Männerniederlassungen auch ein Frauenkloster, das Paula unterstand, deren jüngere Tochter Eustochium regelrecht Nonne wurde. Hieronymus war entzückt, daß sie nicht das Weib eines Soldaten, sondern »eines Königs Gattin« geworden war. Fortan nannte er Paula »Schwiegermutter Gottes«. Er selber führte in seiner geräumigen Behausung das Leben eines Gelehrten. Von abgeschlossener Stille konnte nicht die Rede sein. Er empfing viel Besuch, ging auch mal in die Stadt und führte wie üblich eine ausgedehnte Korrespondenz. Für seine Studien stand ihm ein Team von Helfern (Vorleser, Schreiber, Assistenten) zur Seite. Wie sein großer Bewunderer im 16. Jahrhundert, Erasmus von Rotterdam, war er in seinen mehr ethisch bestimmten theologischen Interessen in erster Linie Philologe. In seinen biblischen Kommentaren folgte er der allegorischen Methode des Origenes, dessen spekulative Theologie ihn gleichgültig ließ. In Bethlehem kam auch das Werk zum Abschluß, wozu ihn Damasus angeregt hatte: die Übersetzung der Septuaginta ins Lateinische. Weitergeführt wurde die Revision des lateinischen Textes der Evangelien. Es war jene Leistung, die seinen Namen berühmt gemacht hat und die später als »Vulgata« in der römisch-katholischen Kirche kanonische Geltung erlangte.

Augustin (354–430)

Die Bezeichnung »Kirchenvater« ist eine Erfindung der Theologen, genauer: der Dogmatiker. Sie meinen damit jene »Väter« der Alten Kirche, die nach der katholischen Tradition als Autoritäten der Rechtgläubigkeit anerkannt werden. Nun ist »rechtgläubig« oder orthodox als Bezeichnung für die in den Sarkophagen der Patristik ruhenden Zeugen der »wahren Lehre« eine keineswegs zu allen Zeiten unumstrittene Feststellung. Origenes wurde von einer ökumenischen Synode verdammt, und mancher der anderen rund anderthalb Dutzend Kirchenväter würde, wenn sich die Dogmatiker einig wären, was rechtgläubig ist, kaum einen lupenreinen Glaubenspaß vorzeigen können. Eine Ausnahme scheint allein Augustin zu machen. Der afrikanische Berber, der der lateinischen Kirche höchsten theologischen Glanz verlieh und im geistigen Aufbau des christlichen Abendlandes eine zentrale Stellung einnimmt, überragt alle anderen durch die Selbstgewißheit seiner theologischen Metaphysik. Er verdrängte durch sie die antike Weltanschauung und vermochte an ihre Stelle ein über die Jahrhunderte gültiges Lehrgebäude christlichen Daseinsverständnisses zu setzen.
Augustins Anfänge schienen zunächst gar nicht in diese Richtung zu weisen. Der in Thagaste in der römischen Provinz Numidien geborene Sohn einer mittelständischen Beamtenfamilie sollte, besonders nach dem Wunsch seiner ehrgeizigen Mutter Monnika,

etwas Tüchtiges werden und einmal eine angesehene, mit gutem Geldverdienst verbundene Stellung einnehmen. Entsprechend diesem Wunsch nach sozialem Aufstieg vollzog sich sein Bildungsgang. Als ein Mensch von hoher Begabung, aber auch von starker Sinnlichkeit, genoß er nicht nur die Freuden der Wissenschaft, sondern auch die der fleischlichen Lust. Mit gleichgesinnten Altersgenossen war er nicht nur in viele Liebschaften verwickelt, er hielt sich schließlich eine »ständige Freundin«, wie man heute zu sagen pflegt, die dem 18jährigen einen Sohn schenkte und die 15 Jahre lang seine Gefährtin blieb. Nur auf Wunsch der Mutter hat er sie entlassen, aber nur weil diese für ihn eine wohlhabende Braut ausgesucht hatte. Als es zu einer Heirat dennoch nicht kam, nahm er sich wieder eine Konkubine. Inzwischen war er als Lehrer der Rhetorik nach Rom gekommen, von dort als Professor nach Mailand.

Hier fiel die religiöse Entscheidung seines Lebens. Der Weg zu ihr war ein mühseliges Ringen um Klarheit. Die frühesten christlichen Eindrücke hat er von seiner Mutter erfahren, ohne daß sie in ihm haften geblieben wären. Überhaupt hat Monnika, die später zur katholischen Heiligen erhoben wurde, mehr als dem Sohn lieb war, dessen Lebensweg bestimmen wollen. Er hat ihr gleichwohl in seinem Bekenntnisbuch (»Confessiones«) ein leuchtendes Denkmal gesetzt. Zu ernsthaftem Nachdenken über die großen Lebensfragen riß ihn Ciceros »Hortensius« hin. Dann geriet er, schon in Karthago, in die Zirkel der Manichäer, deren äußerstem Kreis er als »Hörender« angehörte und die wahrscheinlich auch den Ruf nach Rom und nach Mailand vermittelten. Hatte Ciceros heute verschollenes Büchlein die Liebe zur Philosophie in ihm erweckt, so erfuhr er im Laufe seiner neunjährigen Zugehörigkeit zu den Manichäern, die wahre, den vulgären Katholizismus überwindende Christen sein wollten, das Problem der Urwesenheiten des Übels und des Bösen sowie die Ablehnung eines Gottesbildes, wie es im Alten Testament mit seinen irdischen Verheißungen sich darbot. Aber die manichäischen Lehren von einem zwischen Licht und Finsternis kämpfenden Gott befriedigten ihn nicht. Er wurde zum Skeptiker. Die Befreiung brachten der Neuplatonismus und die Predigten des Ambrosius. Der Platonismus, für viele Gebildete eine Art Geländer bei dem Übergang zum Christentum, wurde auch für Augustin eine wirksame Hilfe. Die Frage, welchen Anteil der Neuplatonismus neben dem Christlichen in seiner kommenden Entwicklung behielt, ist indessen müßig. In dem idealistischen Grundzug seiner Theologie war der Neuplatonismus ein hermeneutisches Prinzip. Was ihm die Philosophie nicht geben konnte,

das empfing er von dem Mailänder Hierarchen. Ambrosius führte ihn zur Bibel, dessen allegorische Auslegung ihm vor allem das Anstößige des Alten Testaments hinwegräumte. Die Person Christi wurde ihm Quelle der Offenbarung. Schließlich begriff er die Autorität der Kirche. Nur sie ist der Hort der göttlichen Wahrheit. Seine Bekehrung war kein Augenblicksentschluß, sondern ein langer Prozeß inneren Ringens. Am Ende stand die Taufe, die er, zusammen mit einem Freunde und seinem aus dem Konkubinat stammenden Sohn, in der Osternacht 387 von Ambrosius empfing. Die Bekehrung, wenn man sie von ihrem Abschluß her betrachtet, war der radikale Bruch mit dem weltlichen Leben, der Übergang zu einer persönlichen christlichen Lebensführung. Die Welt, der er den Rücken kehrte, war der Verzicht auf äußeren Wohlstand, Beruf, Ansehen, Liebesgenuß, Ehe und Familie. Das neue Leben war Askese, um den Reichtum in Gott zu erfahren. Er wurde kein Mönch, liebte aber die Zurückgezogenheit mit gleichgesinnten Freunden, um als philosophischer Theologe sich der Erkenntnis der göttlichen Weisheit hinzugeben. So hat er in seiner Vaterstadt Thagaste ein Tusculum gefunden. Das väterliche Haus – beide Eltern waren gestorben – wurde zum philosophisch-theologischen »Kloster«, dessen Insassen sich zu einem gottgeweihten Leben zusammenfanden. Im Jahre 391 wurde er in Hippo Regius zum Priester geweiht, im Winter 395/96 Bischof der afrikanischen Hafenstadt. So ernst und gewissenhaft er seine bischöflichen Aufgaben wahrnahm, so galt sein Hauptinteresse der Theologie. Seine vielfältige literarische Arbeit umfaßte jedoch nicht nur gelehrte Bücher, sondern auch zahlreiche Kampfschriften, in denen er als Verteidiger des katholischen Glaubens auftrat.
Die afrikanische Kirche war seit den Tagen Konstantins gekennzeichnet durch das donatistische Schisma. Dem Kaiser war es, wie bereits ausgeführt, nicht gelungen, die Spaltung zu beseitigen. Die donatistische Bewegung behauptete das Feld. Im Laufe der Zeit hatte eine Radikalisierung eingesetzt. Diese »milites Christi«, von ihren katholischen Gegnern Circumcellionen (= Vagabundierende) genannt, setzten sich zumeist aus Landarbeitern, Mittel- und Kleinbauern zusammen, die von ihrer Scholle durch den Großgrundbesitz vertrieben waren. Mit anderer armer Bevölkerung vertraten sie in ihrem Kampf gegen die obrigkeits- und kirchentreuen Besitzenden auch ein soziales Moment. Dabei kam es wiederholt zu Aufständen. Diese nomadisierenden Rebellen scheuten keine Gewalttaten und Raubüberfälle. Die Regierung war machtlos, und Afrika drohte der römischen Herrschaft zu entgleiten, bis sich schließlich der streng katholische Kaiser Honorius zu

harten gesetzgeberischen Maßnahmen gegen die gesamte Donatistenkirche entschloß, weil sie eine Widerstandsbewegung gegen die kirchliche Staats- und Gesellschaftsordnung darstellte. Augustin, der anfänglich jede Gewaltanwendung von sich wies, stellte sich jedoch bald von seiner eigenen Macht- und Gesellschaftsansicht her auf die Seite des Staates. Auf einer 411 nach Karthago einberufenen Disputation war er der eigentliche Wortführer neben dem Vertreter des Kaisers, der sein guter Freund war. Von einer Disputation konnte nicht die Rede sein. Das Ergebnis lag von vornherein fest: Verbot der Schismatiker; wenn die Rückkehr in die staatliche Großkirche bis zu einem festgesetzten Termin nicht erfolgt sei, sollten die härtesten Strafen einsetzen. Es war Augustins Geist, wenn es in den theologisch-kirchenpolitischen Begründungen dieses Vorgehens hieß: entgegen den Forderungen der Donatisten nach einer Kirche, die Gemeinschaft der Heiligen sei, ist die wahre katholische Kirche eine hierarchisch aufgebaute Heilsanstalt, gemischt aus Frommen und Unfrommen. In ihr lebe unsichtbar, aber prädestinatorisch die Gemeinschaft der Heiligen. Ebenso hänge die Gültigkeit der Sakramente nicht von der Würdigkeit der priesterlichen Spender ab, vielmehr sei das Sakrament in sich objektiv heilig. – Für Augustin war das sog. »Religionsgespräch« von Karthago ein Triumph der katholischen Einheit. Die Schismatiker mußten verschwinden. Aber auch die härtesten Gesetze konnten den Donatismus nicht unterdrücken. Als er unter dem Vandalensturm und den Eroberungszügen des Islams zusammenbrach, war das auch das Ende der einst blühenden afrikanischen Kirche.
Als die Westgoten 410 plündernd Rom überfielen, befand sich unter dem nach Nordafrika ziehenden Flüchtlingsstrom ein frommer Asket keltisch-britannischer Herkunft, *Pelagius,* der als theologisch interessierter Laie durch seine Schriften bereits erhebliches Aufsehen erregt hatte. Die religiöse Ethik, die er vertrat, hatte ihre Wurzeln in dem christianisierten populärwissenschaftlichen Stoizismus. Dementsprechend war der Mensch nicht nur zum Guten berufen, sondern auch zum Tun des Guten fähig. »Der Mensch *kann* die Gebote Gottes erfüllen, also *soll* er sie erfüllen.« Angewidert von dem sittlichen Tiefstand der heiligen Stadt, in der er zehn Jahre gelebt hatte, konnte die kirchliche Lehre von der totalen Sündhaftigkeit und Unvollkommenheit des Menschen bei ihm keine Anerkennung finden, weil sie ein heuchlerischer Vorwand für alle Unmoralitäten sei. In Afrika angekommen, faßte seine Lehre bald festen Fuß. Das rief Augustin auf den Plan, der in einem langjährigen Kampf gegen Pelagius seine schroffe Erbsünden- und Gnadenlehre entwickelte. Nach ihm war der Mensch als Geschöpf

Gottes einst frei. Seine Freiheit bestand jedoch nur darin, den Abfall von Gott zu vollziehen. Durch ihn ist der Mensch völlig unter die Herrschaft der Sünde gekommen, die sein Wesen zerstörte. Adam konnte daher auch nur die Sünde vererben, die als Erbsünde nun das gesamte Menschengeschlecht in ihrer Gewalt hat. Alle »in Adam« lebenden Menschen sind böse und unfähig, von sich aus das Gute zu tun. Aber ungleich mächtiger und in ihrer wirksamen Kraft unwiderstehlich ist die Gnade Gottes. Sie steht am Anfang aller Dinge als die ewig gültige Wahrheit, daß alles Gnade ist. Durch sie wird der durch die Sünde zerstörte Mensch wiederhergestellt. Wer in der Gnade lebt, tut Gutes. Der Wille des natürlichen Menschen kann nur das Böse wollen; der von der Gnade erfaßte Wille hat nur die Freiheit, alles als die Kraft der Gnade anzusehen. Die Erlösung ist im Grunde die Befreiung des Willens, der Gnade gehorsam zu sein. Aber diese befreiende Gnade erstreckt sich nicht auf alle Menschen, sondern nur auf den kleineren Teil. Diese *Erwählten*, nach Gottes freiem Willen zur Seligkeit Vorherbestimmten, sind allein diejenigen, die als Teilhaber der Gnade bestimmt sind. Alle übrigen, die massa perditionis, sind die Verdammten und als solche unrettbar verloren. Also eine doppelte Prädestination: zur Erlösung oder zur Verdammung. Keiner der Verdammten hat einen Anspruch auf die Gnade. Augustins Antwort: Gottes unerforschlicher Ratschluß. Augustins Sünden- und Gnadenlehre ist wohl die tiefgründigste, aber auch abgründigste und niemals zu einer Problemlösung gelangende theologische Gedankenarbeit. Mit biblischen Argumenten reichlich bestückt, ist in dem streng dualistischen Weltbild, den beherrschenden dogmatischen Aussagen, der Nachhall magischer, religiös-philosophischer Denkweisen zu vernehmen.

Für Pelagius war Augustins zum Widerspruch herausfordernde Prädestinationslehre unannehmbar. Dagegen anerkannte er die Bedeutung der Gnade Gottes, durch die der Mensch allein erlöst werden kann. Aber sie war bei ihm eine mitwirkende Kraft, die den Menschen zu einer freien Willensentscheidung für Gott verhilft. Augustin war indessen entschlossen, den Kampf gegen den Häretiker aufzunehmen. Während eine Synode in Palästina des Pelagius Thesen anerkannte, verdammte eine Synode in Karthago 411 besonders radikale Sätze seines Freundes Caelestius, der als Presbyter in die Gemeinde aufgenommen werden wollte. Was Augustin besonders empörte, war des Caelestius Ablehnung der Kindertaufe, die sich in Augustins Bereich eingebürgert hatte. Als der Streit sich weiter ausdehnte, wurde schließlich Kaiser Honorius mit amtlichen Verboten zur Hilfe herbeigezogen. Eine Generalsynode

in Karthago verdammte 418 den gesamten Pelagianismus. Pelagius selbst, den man mit Recht den Urvater des christlichen Humanismus nennen kann, verschwand aus den Blättern der Geschichte. Seine Anhänger fanden Schüler und Nachfolger. Obwohl die Reichssynode von Ephesus 431 noch einmal ein allgemeines Verdammungsurteil aussprach, ging der Pelagianismus im Osten niemals völlig unter, wenn er auch keine kirchenbildende Kraft aufbringen konnte. Augustins Gnaden- und Prädestinationslehre war ein »düsteres Gedankengebilde«, das auch in der lateinischen Kirche zu vielen Auseinandersetzungen geführt hat, ohne daß die Autorität des Kirchenvaters dadurch irgendwie Einbußen erlitten hätte.
Nach der Erstürmung und Ausplünderung Roms durch die Westgoten erhob sich bei vielen Menschen die Frage nach den Ursachen dieser Katastrophe. Unter den Christen begann man an der Vorsehung Gottes zu zweifeln. Die römischen Patrioten, die im Herzen immer noch Heiden waren, erblickten in dem Einfall der Barbaren die Strafe der erzürnten Götter, die nicht mehr öffentlich verehrt werden durften. Gegen deren Reden, die sich vor allem gegen die christliche Kirche richtete, schrieb Augustin sein Riesenwerk »Vom Gottesstaat« (De Civitate Dei). 13 Jahre (von 413–426) hat er daran geschrieben und es seinem Freunde, dem kaiserlichen Tribun Marcellinus, der in Karthago den Kampf gegen die Donatisten leitete, gewidmet. Marcellinus hat das Werk allerdings nicht mehr lesen können. Er ist schon 413 als Opfer politischer Intrigen hingerichtet worden. Der »Gottesstaat«, das bedeutendste geschichtsphilosophische Werk des christlichen Abendlandes, war der erste Entwurf eines theokratischen Universalismus, einer göttlichen Weltregierung. Seine Grundkonzeption: die Weltgeschichte ist seit Adams Fall ein Kampf zwischen Glaube und Unglauben, zwei Prinzipien ringen miteinander: die Civitas dei und die Civitas terrena, der Gottesstaat und der Welt-, der Teufelsstaat. Der neuplatonische Dualismus wird bei Augustin zu einem metaphysischen Kampf zwischen dem Reiche Gottes und dem Reich der Welt (der Sünde, des Satans) erhoben. Beide sind unsichtbare Mächte, die nicht nur die Seelen der Abgeschiedenen, sondern auch Engel und Dämonen umfassen, die in den irdischen Erscheinungen ihre Symbole haben. Das Vorspiel in der unsichtbaren Welt findet das Gegenbild in der von Gott gelenkten Heilsgeschichte. Die Bibel enthält die Beispiele: Kain und Abel, Ismael und Isaak, Esau und Jakob, – oder im größeren Rahmen – Babel und Jerusalem. Augustin kannte das antike Schema von den vier Weltmonarchien, das im Buche Daniel seine prophetisch-visionäre Gestaltung gefunden

hatte. Sein Interesse galt vornehmlich dem letzten Weltreich: Rom. Was er hier schon in den ersten zehn Büchern ausführte, war eine gewaltige Entmythologisierung der heidnischen Staatsideologie. Rom ist nicht ewig. Es wird von Augustin nicht mit der Teufelsmacht gleichgestellt, aber es gehört zur Civitas terrena. Seine gottgewollte Aufgabe kann es nur als christliches Imperium erfüllen. Friede und Gerechtigkeit sind das Ziel der göttlichen Weltlenkung. Der Sieg des Gottesreiches beruht auf einer völligen Umkehrung der bis jetzt tragenden Faktoren des Weltreiches. Die Aufgabe der Herstellung der wirklichen Gerechtigkeit kann der verchristlichte Staat nur erfüllen, wenn er auf Wort und Gebot der Kirche hört. Auch diese ist noch nicht die Civitas Dei, lebt aber in der Erwartung ihrer Vollendung. Die Herrschaft der sichtbaren Kirche über die Völker dieser Welt ist providentiell.

Augustin glaubte sich völlig in Übereinstimmung mit der Bibel. Die zeitbedingten Formen und das philosophische Grundschema wird niemand übersehen. Aber es ist ein Geschichtsbild von großartigem Tiefsinn, das erst im Mittelalter zur vollen Wirkung kam, allerdings unter starken Vergröberungen, Vereinfachungen und Mißverständnissen.

Das theologisch-philosophische Werk Augustins ist auch nicht von seiner Person zu trennen. In allen seinen Schriften spürt man den innersten Herzschlag eines großen Menschen. Auf seinem Wege durch die philosophische Theologie der Griechen ließ er sich von Gott entdecken, um den Menschen zu entdecken. Was das bedeutete, hat er in den um 397/98 entstandenen »Bekenntnissen« (Confessiones) geschildert. Diese Selbstbiographie, in der äußeren Form ein Zwiegespräch mit Gott, ist die Geschichte einer Seele. Man kann gerade an diesem einzigartigen Buch der Weltliteratur sehen, was die Kirchengeschichte in allen ihren Phasen bestätigt, daß Christentum und Theologie immer in einem engen Zusammenhang mit dem Zeitgeist standen. Das Bedeutende an Augustin war, daß er aus der antiken Philosophie alles das herausholte, was sich mit dem Christentum verschmelzen ließ. Sein Grundsatz, daß der Mensch nur zur Wahrheit gelangt im Blick auf sich selber, machte ihn zum großen Entdecker der menschlichen Innerlichkeit. Die alte Unsicherheit über das Wesen der Sünde überwand er in der persönlichen Erkenntnis, daß die Sünde immer gegen Gott gerichtet ist. Die stoische Sehnsucht nach der vita beata schlug bei ihm in die feste Überzeugung um, die vita beata ist der lebendige Gott selber; denn »unser Herz ist unruhig, bis es ruht in Gott«. Das neuplatonische frui Deo, der Genuß Gottes, ist höchste Seligkeit. Das Denken, das nicht preisgegeben wurde, war dem Glauben nachgeordnet. Das war die Mystik einer Frömmigkeit, die in der Sprache ihr Innerstes offenbarte. Augustin war Philosoph und Christ. Als Bischof war er Kirchenpolitiker großen Stils. Als solcher anerkannte er Autoritäten, vorab die der Kirche als Heilsanstalt. Er war nicht Vertreter der römischen Petrusdoktrin. Der Primat Petri war für ihn, ähnlich wie für Cyprian, ein Erstlingsrang. Dennoch war er von einer tiefgewurzelten Ehrfurcht vor der römischen Cathedra Petri. Der Mann, der den heidnischen Patriotismus vernichtet hat, dem die Reichspolitik nichts bedeutete, weil es ihm allein um den Sieg des Gottesreiches ging, hat wiederum die Hilfe des Staates gefordert, wenn es sich um die Besiegung und Ausmerzung der Häretiker handelte. Seine Meinung war: Gott hat die Staatsgewalt geschaffen, jedoch nicht zum Selbstzweck. Sie soll Gott dienen, d. h. der Kirche ihren bewaffneten Arm leihen, um die Irrenden zur Vernunft zu bringen.

Augustins Lebensausgang stand unter dunklen weltgeschichtlichen Schatten. Im Jahre 429 belagerten die Vandalen unter Geiserich Karthago. Ein Jahr später lagen sie vor Hippo Regius, verbündet mit Arianern und Donatisten. Viele Priester flohen. Während dies geschah, schied der altersschwache Augustin aus dem Leben. Bald danach wurde die Bischofsstadt in Asche gelegt. Das afrikanische Vandalenreich beendete die Herrschaft Roms über seine Kornkammer.

Waffenlärm und Kriegsgeschrei, abermals ebenso heftige und blutige Kämpfe um das Dogma, beherrschten die kommende Zeit. Augustin schien vergessen. Mehr als 150 Jahre später, als Papst Gregor erkannte, daß die Zukunft des Christentums ihr Zentrum nicht mehr im Mittelmeerraum, sondern nördlich der Alpen haben werde, begann der Siegeszug der Ideen Augustins und bestimmte Form und Geist des Mittelalters.

Spaltung und Zerfall

Despotie und Kirche

Die christliche konstantinisch-theodosianische Monarchie war eine Despotie. Der theokratische Gedanke, der sie bestimmte, zeigte sich in dem absoluten Machtwillen des gottähnlichen Herrschers. Der vorwaltende byzantinische Stil des höfischen Zeremoniells war Zeichen bedingungsloser Unterwerfung. Eine militarisierte hierarchische Bürokratie mit Agenten und Geheimpolizei hielt das Räderwerk der Staatsmaschinerie samt zentralistischer Wirtschafts- und Arbeitsordnung unter Kontrolle. Zur völligen Brutalität artete dieses System aus, als im 5. Jahrhundert die wirkliche Macht aus den Händen unfähiger und schwacher Regenten in die ehrgeiziger Generale und intriganter Höflinge glitt. Die Entfremdung der beiden Reichsteile war in vollem Fortgang. Im Westen stand das Schattenkaisertum seit langem unter der Führung kühner germanischer Heerführer. Im Osten hatte eine bigotte Frömmigkeit den Hof in ein Klosterleben verwandelt, zur Freude von Hofeunuchen und Hasardeuren der Macht, die zu hohem politischen Rang aufstiegen und als Kerkermeister der Throninhaber mit höchsten Einsätzen spielten.

Die Kirche hat sich den despotischen Lebensformen nicht widersetzt. Während im Westen der Verfall der Reichsautorität dem Papsttum die Möglichkeiten zu einem eigenen Machtaufstieg bot, war im Osten das Verhältnis der Kirche zum Staat durch den Grundsatz bestimmt, daß die Einheit der Reichskirche die Vorbedingung für die Sicherung der politischen Macht sei. So setzten sich dogmatische Streitigkeiten, von denen sich Rom fernhielt, sofort in politische Kampfstellungen um. Gefördert wurde diese Tendenz durch die Rivalität der Patriarchate von Alexandrien und Konstantinopel, wozu als theologisches Ballungszentrum Antiochia trat. Durch die Metropolitanverfassung waren hierarchische Machtkomplexe entstanden, die nicht weniger autoritär herrschten als die staatlichen Instanzen. Jede theologische Differenz wurde zur kirchenpolitischen Waffe, die sich gegen den Rivalen richtete. So konnte man es in Alexandrien nicht verwinden, daß Konstantinopel eine Vorrangstellung haben sollte, nur noch übertroffen durch das historisch legitimierte Rom. Die Stadt des großen Athanasius fühlte sich als Vorkämpferin der Orthodoxie, während der Patriarch von Konstantinopel seine Stellung allein der Protektion des Kaisers verdankte. Die kirchenpolitischen Gegensätze verschmolzen sich mit denen der Lehre. Jeder der großen Hierarchen beobachtete den anderen aus seinen dogmatischen Schießlöchern, wartend auf einen günstigen Augenblick, offensiv zu werden. Gelegenheit dazu bot immer wieder die Sphinxfrage der Christologie. Trotz der Beschlüsse von Nicäa 325 und Konstantinopel 381 flackerte es weiterhin unruhig in den Köpfen der Orientalen. Der aufkommende Marienkult bot neuen Zündstoff. Hierbei ging es um die Frage der Menschwerdung Christi. Das Problem war nicht neu. Aber erst jetzt wurden die dogmatischen Konsequenzen deutlich und begannen die Geister zu scheiden. Nach der von Alexandrien vertretenen Lehre besaß der Gottessohn, auch nach seiner Menschwerdung, nur *eine* Natur, die göttliche. Maria hatte also einen Gott geboren, deshalb nannte man sie Gottesgebärerin (theotókos). Für den immer mehr um sich greifenden Kult der Gottesmutter war die Lehre der Monophysiten von größter Bedeutung. Sie setzte die Massen in Bewegung. In der Verehrung des Göttlichen, das in die menschliche Niedrigkeit eingegangen war und diese unmittelbar unsterblich gemacht hatte, wurden sie selber Teilhaber an dem vergotteten Fleisch des Erlösers, wie es ihnen das Mysterium der Eucharistie sinnfällig vor Augen führte. Lästerlich und die Grundlagen der Erlösung zerstörend mußte daher eine Lehre sein, die die vollkommene Einheit von Gott und Mensch in Christus leugnete. Diese Leugnung der »einen, Fleisch gewordenen Natur des Logos« war der Vorwurf, den man der antiochenischen Theologenschule machte. Sie lehrte das Nebeneinander von zwei getrennten Naturen in Christus, einer göttlichen und einer menschlichen. Das Eintreten des Gottessohnes in den Menschen Jesus sei geradezu der höchste Triumph der menschlichen Natur und eine Bürgschaft, daß die Menschheit von Sünde und Tod befreit sei. So habe Maria nicht einen Gott, sondern einen Menschen geboren. Für die leicht zu fanatisierenden Massen war diese Auffassung der Inkarnation dialektischer Intellektualismus einer Bildungsschicht, der man ohnehin mißtrauisch gegenüberstand. So lagen die Dinge vor Ausbruch des offenen Kampfes. Auf dem Bischofsstuhl in Konstantinopel saß seit 428 *Nestorius.* Er war persischer Abstammung und hatte seine theologische Bildung in Antiochien erhalten. Hochgebildet, rhetorisch gewandt, Dialektiker und Dogmatiker, besaß er doch kein politisches Fingerspitzengefühl und war den Aufgaben, die seine Stellung in der Kaiserstadt von ihm forderte, in keiner Weise gewachsen. Klerus und Kirchenvolk waren von den alexandrinischen Lehren stark beeinflußt. Das theotókos war ganz in die Sprache des Gottesdienstes eingegangen. Nestorius, ebenso lehreifrig wie unvorsichtig, kehrte sich gleich mit Feuereifer gegen die alexandrinische Formel und schlug dafür den Ausdruck christotókos (Christusgebärerin) vor. Denn Christus bezeichne sowohl den Logos wie den vom Logos angenommenen Menschen. Wenn seine über diese Weisheit erstaunten Predigthörer sich zufriedengaben, so gelang ihm das nicht bei dem Klerus und den Mönchen, die bald eine ihn wütend bekämpfende Partei bildeten. Noch stärkerer Widerstand kam aus Alexandrien.

Hier residierte seit 412 *Cyrill,* Neffe seines Amtsvorgängers Theophilus. Wie dieser war er eine cäsarische Natur, dem die Herrschaft der Kirche über alles ging und der mit seinem von theologischen Feinheiten gänzlich unberührten Begriff von Orthodoxie den Erzvater der Rechtgläubigkeit, Athanasius, noch übertraf. Er war drauf und dran, aus Ägypten einen Kirchenstaat zu machen. Es ist ungewiß, ob er an der Ermordung der Philosophin *Hypathia* mitschuldig war. Hypathia, die hochgebildete Tochter des berühmten Mathematikers Theon, hatte neuplatonische Philosophie gelehrt, was den Haß der fanatisierten kirchlichen Kreise hervorrief. Der aufgehetzte christliche Straßenpöbel ergriff 415 die Philosophin und schleppte sie in eine Kirche, wo sie gräßlich zerfleischt wurde. Cyrill, dem jede Art von Abweichung von der vorgeschriebenen Linie ein Greuel war, hat zumindest Genugtuung über die Beseitigung dieser »Heidin« empfunden. Ein blutiges Judenpogrom ging nachweislich auf sein Konto. Überall hatte er seine Geheimagenten, in den theologisch fast ungebildeten, aber von einer rabiaten mystischen Frömmigkeit besessenen ägyptischen Mönchen hatte er eine Verfügungstruppe, die jederzeit bereit war, für ihn »die Straße« freizukämpfen. Cyrill war zugleich ein gewiegter Taktiker, der nichts unüberlegt tat. Er beherrschte die Kunst des Wartenkönnens. Als er hörte, was sein Amtsgenosse in Konstantinopel lehrte, suchte er in einem Osterrundschreiben an den Klerus seiner Kirche, das er auch nach Konstantinopel gelangen ließ, in vorsichtig verdeckter Sprache, Nestorius zu reizen, indem er, fast im Vorbeigehen, auf die Ketzerei am Bosporus hinwies. Nestorius bemerkte die Falle nicht, war aber tief gekränkt. Er rückte dem Gegner auf den Leib, indem er in einer Erwiderung durchblicken ließ, daß er von geflohenen alexandrinischen Klerikern manches über Cyrill wüßte, was reif sei für eine öffentliche Synodalklage. Cyrill war nicht die Natur, die sich so schnell durch persönliche Invektiven einschüchtern ließ. Dogmatische Fallstricke hielt er für wirkungsvoller, einen Gegner zahm zu machen. In einem an Nestorius gerichteten Brief schrieb er, daß auch er Material besäße, das ausreiche, in Rom einen Skandal herbeizuführen und Nestorius kirchlich zu erledigen. Der nun unruhig gewordene Nestorius wandte sich selber in einem Brief nach Rom, um herauszubekommen, ob man sich dort etwa schon mit ihm befaßt habe. Rom dachte nicht daran, auf Anfragen, denen die Angst abzulesen war, überhaupt zu antworten. Ganz anders reagierte man auf ein gleichzeitiges Schreiben von Cyrill, das gleich auf die Sache zugesteuert war. Er bat nicht um eine Lehrentscheidung – hier gäbe es doch keine Differenz zwischen Rom und Alexandrien –, vielmehr wolle er wissen, »ob man mit jemand, der so (wie Nestorius) denkt und lehrt, noch Gemeinschaft haben kann«. Das war deutlich. Papst *Coelestin* (422–432) verstand auch sofort. Er hielt eine römische Lokalsynode ab und teilte Cyrill das Ergebnis mit. Auch er ging nicht auf dogmatische Problemerörterungen ein. Cyrills »theotókos« entsprach natürlich der Vätertradition, obwohl der Ausdruck damals in Rom noch nicht üblich war. Aber so war der Entscheid: Nestorius müsse aus der Herde der Schafe entfernt werden, wenn er sich nicht bessere und innerhalb von zehn Tagen seine falschen Predigten verdamme und über die Geburt Christi nicht den gleichen Glauben bekenne wie die römische und die ägyptische Kirche. Nestorius wurde von dem Entscheid unterrichtet und daran erinnert: »Der heilige Apostel Paulus wandelte sich vom Verfolger zum Prediger. Der größte Frevel sei es, wenn sich ein Prediger zum Verfolger wandele.« – Das war Musik in den Ohren Cyrills. Im Grunde wollte er freilich mehr. Coelestin hatte das mit dem Machtinstinkt des Gleichartigen auch richtig gewittert. Kraft seiner apostolischen Autorität bestellte er Cyrill als Vikarius des römischen Papstes in dieser Angelegenheit. Damit hatten beide einen billigen Triumph eingeheimst. Coelestin hatte den römischen Primatanspruch auf die östliche Kirche erweitert und mit der Wahrnehmung seiner Interessen den alexandrinischen »Papst« beauftragt. Cyrill, dem weniger an der Vernichtung des Nestorius lag als an einer Art Oberaufsicht über Konstantinopel, hatte mit dem Vikariat gleichsam den geistlichen Ritterschlag empfangen. Bis jetzt hatte man die Rechnung ohne den Kaiser gemacht. Die angekündigte Absetzung eines Bischofs der kaiserlichen Residenz war ein Husarenstreich. Für Alexandria war das Vorgehen ein Test, was man sich erlauben konnte. Kaiser *Theodosius II.* (408–450) war ein frömmelnder Schwächling, der vom Regieren nichts verstand und sich ganz seinen gelehrten Liebhabereien hingab. Das eigentliche Regiment führte seine Schwester Pulcheria, die aus dem sittenlosen Kaiserpalast so etwas wie ein Kloster gemacht hatte. Sie lebte selber wie eine Nonne und hatte auf die Erziehung ihres Bruders großen Einfluß. Dessen Gemahlin war die vor ihrer Vermählung noch heidnische *Eudokia Athenais,* eine Philosophentochter aus Athen, die aber auch bald eine theologische Miene aufsetzte und wie ihre Schwägerin ihr Interesse von der Philosophie zur Kirche kehrte. Cyrill hatte an den Kaiser und dessen Gemahlin sowie an Pulcheria Abhandlungen über das Inkarnationsproblem geschickt. Er hoffte, auf alle Fälle bei Pulcheria Glück zu haben, weil er durch seine Geheimagenten erfahren hatte, daß diese Nestorius haßte, nachdem er sie eines unerlaubten Ver-

kehrs mit einem Vertrauten des Kaisers verdächtigt hatte. Bei diesem stand Nestorius noch in guter Gunst. Jedenfalls erreichte er bei Theodosius die Einberufung einer Reichssynode zu Pfingsten 431 nach Ephesus.
Die Synode war denkbar schlecht vorbereitet. Nicht einmal eine Tagesordnung lag vor. Als erster war Cyrill mit einem stabilen Anhang zur Stelle. Er wartete gar nicht erst die Ankunft der Syrer und Römer ab, sondern übernahm als Stellvertreter des Papstes den Vorsitz und eröffnete die Tagung. Nestorius befand sich in einer hoffnungslosen Minderheit. Die Alexandriner konnten noch den Ortsbischof von Ephesus und den von Jerusalem auf ihre Seite ziehen. Cyrill leistete rasche Arbeit. Nach damaliger Auffassung waren Synoden Vereinigungen von Geistesträgern, deren Beschlüsse als Offenbarungen des Heiligen Geistes galten. Mit einer Mehrheit von über 150 Bischöfen wurde Nestorius für abgesetzt erklärt. Es bedeutete wenig, daß die verspätet eintreffenden Antiochener sofort eine Gegensynode einberiefen und Cyrill mit seinem Anhang verdammten. Der Alexandriner behauptete das Feld. Inzwischen waren auch die Römer eingetroffen. Sie entschuldigten die Verspätung mit dem Reisewetter, waren aber gar nicht ungehalten, daß Cyrill schon reinen Tisch gemacht hatte. Sie verlasen ein ziemlich farbloses Schreiben des Papstes, das völlig auf dem Boden der von Cyrill geschaffenen Tatsachen stand. Nachdem die Römer das Protokoll unterschrieben hatten, rief ein Sprecherchor im Takt: »Ein gerechtes Urteil! Heil, dem neuen Paulus Coelestin, dem neuen Paulus Cyrill! Coelestin, dem Hüter des Glaubens, Coelestin, der einig ist mit der Synode! Coelestin sagt die Synode Dank! *Ein* Coelestin, *ein* Cyrill, *ein* Glaube der ganzen Welt!« Vor der Kirche fiel das Volk von Ephesus, das einst der Göttin Diana zugejauchzt hatte, in den Ruf ein: »Der Feind der heiligen Jungfrau ist besiegt. Ehre der großen erhabenen ruhmreichen Gottesmutter.«
Das letzte Wort hätte wohl bei dem Kaiser gelegen. Denn Cyrills »ökumenische« Synode hatte lediglich Nestorius zur Strecke gebracht, und die Antiochener waren keineswegs gewillt, sich Cyrill zu beugen. Aber Theodosius war zu feige. Er begann mit beiden Parteien zu verhandeln. Der skrupellose Cyrill ließ alle Minen springen. Sein Geld übte vornehmlich bei dem Hofeunuchen Chrysaphius seine Wirkung aus. Der Kaiser ließ Nestorius fallen. Er wurde in die libysche Wüste verdammt, wo er im Machtbereich Cyrills als einsamer Mann und als Märtyrer seiner Überzeugung gestorben ist.
Der Friede war damit noch nicht wiederhergestellt. Die Antioche-

ner blieben bei ihrem Widerstand. Das Ergebnis langer Verhandlungen war ein Kompromiß: das sogenannte Unionssymbol von 433, eine Formel von bewährter Zweideutigkeit, die jeder Seite entgegenkam. Auch Nestorius hätte sie unterschreiben können. Im Grunde waren jetzt die dogmatischen Entscheidungen von 431 aufgehoben. Aber so logisch dachte keiner der Kirchenführer. Nur Cyrill hielt daran fest, daß er auch jetzt, indem er seine Auffassungen im Unionssymbol wiederzuerkennen meinte, einen vollen Sieg davongetragen habe. Er ist als der letzte große griechische Kirchenvater und zugleich als einer der angesehensten Heiligen der byzantinischen Orthodoxie in die Geschichte eingegangen.

Die Räubersynode

Nach wenigen Jahren brach in Konstantinopel abermals ein theologischer Brand aus. Es ging um die gleiche Frage wie im nestorianischen Streit. Der fromme, schon alternde Archimandrit (Klosterabt) *Eutyches,* Gefolgsmann der alexandrinischen Theologie, hatte sich besonders weit vorgewagt. Er hatte u.a. behauptet, daß der Leib Christi kein menschlicher Körper gewesen sei, sondern nur wie ein Menschenleib ausgesehen habe. Damit war die in dem Unionssymbol von 433 abgewiesene Lehre von der einen Natur Christi auf die Spitze getrieben. Der Patriarch von Konstantinopel, *Flavian,* griff ein und nahm Eutyches auf Grund eines Synodalspruchs »unter Tränen« seine Ämter.

Die Erregung war groß. Eutyches, der darauf hinweisen konnte, daß die Synodalakten wichtige Teile seiner Aussagen über die Naturenlehre verschwiegen hätten, erfuhr von vielen Seiten Zuspruch. Sogar der Kaiser setzte sich in Briefen an Papst Leo I. und den neuen Patriarchen von Alexandrien, *Dioskur,* für ihn ein. Theodosius stand damals ganz unter dem Einfluß des bereits erwähnten Chrysaphius, der ein Beichtkind des Eutyches und enger Verbündeter Dioskurs war. Leo nahm in seiner Antwort Partei für Eutyches und rügte Flavian. Dioskur, der in Ägypten wie ein Pharao herrschte, forderte die Einberufung einer Synode. Der Kaiser berief sie zum August 449 nach Ephesus. Bevor diese eröffnet wurde, vollzog sich in Rom eine sensationelle Kursänderung. In einem großen Lehrbrief wurde Flavian als rechtgläubig anerkannt, Eutyches verdammt und auf ihn das Psalmwort angewandt: »Sie lassen sich nicht weisen, daß sie Gutes täten, sondern sie trachten auf ihrem Lager nach Schaden« (Ps. 36,4f.). Die dogmatische Fracht dieses Briefes, der die Zwei-Naturen-Lehre

und den Glauben an eine Person interpretiert, stammte gewiß nicht aus Leos theologischer Schatzkammer. Er verfolgte ein kirchenpolitisches Ziel. Wenn schon die Synode, die er nicht befürwortet hatte, stattfinden mußte, dann wollte Rom sich nicht mehr im Schlepptau Alexandriens befinden. Kraft seiner Autorität als Stellvertreter Petri hoffte Leo, mit seiner überraschenden Stellungnahme den römischen Primat auch im östlichen Reichsteil zur vollen Anerkennung zu bringen. Das war allerdings ein Irrtum. Auf der Synode errang das Kleeblatt Dioskur–Eutyches–Chrysaphius einen vollen Sieg. Die Partei Dioskurs beherrschte von Anfang an die Tagung. Die rüden Mönchshaufen sowie Soldaten halfen auf ihre Weise zu den gewünschten Beschlüssen. Es wurde nach Herzenslust geprügelt. Wer eine andere Meinung nur anzudeuten wagte, wurde erbarmungslos niedergeknüppelt. Der verdammte Flavian wurde so mißhandelt, daß er auf dem Wege ins Exil starb. Die römische Delegation wurde gar nicht angehört, sondern mußte froh sein, daß sie unter Zurücklassung des Gepäcks mit dem bloßen Leben davonkam.
Leo war unterlegen. Dioskur triumphierte. Es half dem Papst nichts, daß er sich in Protestschreiben an den Kaiser und an Pulcheria wandte. Theodosius würdigte ihn keiner Antwort, erhob vielmehr die Beschlüsse der Synode zu Reichsgesetzen. Der Westen und der Osten schienen im Kampf um das Dogma endgültig auseinanderzubrechen.
Da trat eine unerwartete Wende ein. Kaiser Theodosius starb Ende 450 an den Folgen eines Sturzes. Er war ohne Söhne geblieben, seine Gemahlin Eudokia Athenais weilte seit Jahren in Palästina in der Verbannung. Da wagte die fromme, etwa 50jährige Jungfrau Pulcheria eine rettende Tat. Sie ging eine Scheinehe mit dem tüchtigen Heerführer *Markian* ein, um diesen zum Kaiser (450 bis 457) zu legitimieren. Sofort brach die korrupte Nebenregierung zusammen. Köpfe rollten, auch der Eunuch Chrysaphius wurde enthauptet. Damit kam auch die kirchenpolitische Achse Konstantinopel – Alexandrien zu Bruch. Papst Leo konnte aufatmen.

Chalcedon und die Folgen

Markian war ein rauher Soldat, der das Schwert zu führen verstand. Seine Kriegerhände nahmen sich jetzt auch der Kirche an. Die Beschlüsse von Ephesus wurden annulliert, der tote Flavian rehabilitiert, indem man seinen Leichnam feierlich in die Kathedrale überführte, die den großen Konstantin, Theodosius und den ebenfalls gebannten Johannes Chrysostomus aufgenommen hatte. Unter den Bischöfen war ein großes Zittern. Einige der Parteigänger Dioskurs waren geschmeidig genug, sich dem neuen Kurs rasch anzupassen. Papst Leo hätte diese personelle Säuberung genügt, um sein Gestirn leuchten zu lassen. Aber Markian war ein korrekter Soldat. Er wollte für sein kirchliches Revirement eine synodale Rückendeckung. So kam es im Oktober 451 zur 4. Reichssynode in Chalcedon, einem Vorort Konstantinopels am asiatischen Ufer des Bosporus. Etwa 350 Kleriker nahmen teil, nächst Nicäa die bedeutendste Versammlung der Alten Kirche. Die Führung lag jetzt fraglos bei den Römern. Das Ergebnis lag von vornherein fest. Grundlage der Verhandlungen war der Lehrbrief Leos, der persönlich nicht anwesend war – kein Papst hat an einer Reichssynode der Alten Kirche teilgenommen. Das Bekenntnis zum Symbol von Nicäa sollte ausreichender Nachweis der Rechtgläubigkeit bleiben. Nur in der Frage der Naturenlehre mußte man zu brauchbaren Formulierungen kommen, worüber es zu Tumulten kam. Erst die ultimative Forderung des Kaisers, die Synode möge sich einigen, sonst verlege er sie nach dem Westen, bewegte die hohen Prälaten zum schnellen Entscheid. Zunächst wurde Dioskur für abgesetzt erklärt, jedoch nicht aus dogmatischen Gründen, sondern wegen Führungsmängel in seinem Kirchenregiment und Nichtachtung der Synode. Die Lehrformel, die man schließlich fand, war wiederum ein Kompromiß: Christus ist vollkommener Gott in zwei Naturen, die weder vermischt noch voneinander getrennt sind. Merkwürdig: außer den Ägyptern haben alle anwesenden Bischöfe, auch diejenigen, die wie Cyrill und Dioskur dachten, unterschrieben. Die dogmatische Einheit von Ost und West war wiederhergestellt. Der Papst hatte mit seiner dyophysitischen Formel gesiegt. Die Synode von Ephesus 449 wurde als »Räubersynode« aus den Listen der ökumenischen Konzile gestrichen. Als der Kaiser und Pulcheria in der Schlußsitzung persönlich erschienen, wurden sie mit den bekannten Sprechchören begrüßt: »Heil, dem Markian, dem neuen Konstantin, dem neuen Paulus, dem neuen David! Ihr seid der Friede der Welt. Pulcheria ist die neue Helena!« Das letztere war eine Anspielung auf die Mutter Konstantins.

Ganz war Papst Leo mit seinem Sieg nicht zufrieden. In der Frage der Anerkennung seiner Vorrangstellung ist er auf halber Strecke liegengeblieben. Die Synode hatte beschlossen, daß der Patriarch von Konstantinopel die gleichen Vorrechte wie der Papst haben, ihm im Rang folgen und eine Erweiterung seines Amtsbereichs erhalten solle. Damit war deutlich, daß die von Leo erstrebte Führung in der gesamten Reichskirche ihre Schranken am kaiserlichen Willen fand, der seinen eigenen Patriarchen prima ordinis haben wollte. Für Leo war aber ein orientalischer Primat unerträglich. Er verweigerte denn auch die Anerkennung dieses Kanons. Der von dem Kaiser gedeckte Patriarch blieb Roms Rivale. Der Kampf zwischen Byzanz und Rom brachte die Reichskirche zum Einsturz.

Auch Chalcedon war nicht für die Ewigkeit. Die Monophysiten hatten zwar eine schwere Niederlage erlitten, aber sie waren nicht völlig besiegt. Hinter ihnen stand eine breite Volksbewegung, die voller politischer Energien war. Sie gab sich mit dem Chalcedonense nicht zufrieden. Auf Markian folgten zwei Soldatenkaiser (Leo und Zeno), unter denen die monophysitische Opposition neu erstarkte. Kaiser Zeno wurde von meuternden Truppen gestürzt. Die Zwischenherrschaft eines Usurpators brachte die kirchlichen Verhältnisse in neue Verwirrung. Als Zeno auf den Thron zurückkehrte, fand er völlig verwandelte Verhältnisse. Er sah nur die Möglichkeit eines neuen Vergleichs. Das Ergebnis war das sogenannte *Henotikon* (= Einigung) von 482, in dem auf die Grundlagen der Bekenntnisse von 325 und 381 zurückgegriffen, Chalcedon nicht juristisch, aber praktisch außer Kraft gesetzt wurde, indem man es mit einem Rankenwerk von allerlei gängigen, aber angeblich nicht strittigen Formeln erstickte. Mit diesem Kompromiß, durch den man Syrer und Ägypter politisch beim Reich halten wollte, brach die in Chalcedon mühsam gekittete Katholizität auseinander. In Ägypten war man mit dem Patriarchen unzufrieden, weil dieser Chalcedon nicht offen verdammt hatte.

Ein Kampf um Rom

Im weströmischen Reich war die kaiserliche Autorität seit der Mitte des 5. Jahrhunderts gänzlich zusammengebrochen. Nach der Ermordung des schwachsinnigen Valentinian III. (455) gab es im raschen Wechsel nur noch Schattenfiguren – neun an der Zahl –, Kreaturen germanischer Heerführer, wie der mächtige Suebe *Ricimer* oder der Skire *Odoaker*, der den letzten altrömischen Kaiser Romulus Augustulus 476 mit einer Pension in den Ruhestand versetzte. Mit byzantinischer Lizenz wurde Odoaker zum Selbstherrscher. Das Gebiet, über das er gebot, war freilich nur das italienische Festland. Die meisten weströmischen Provinzen waren bereits verlorengegangen: Afrika und Sizilien an die Vandalen; Spanien und die Provence an die Westgoten; Gallien an Burgunder und Franken. Diese Situation fand in Rom ihr Gegenbild. Die

senatorische Adelskaste, reiche Grundherren, zog sich immer mehr aus der aktiven Politik zurück. Es gab zwei Parteien: eine kleinere Reichspartei und eine Gruppe der Unabhängigen, die mit Odoaker das Übergewicht hatten. Einzige Autorität war das Papsttum, das seit Leo dem Großen zu einer Macht besonderer Art aufgestiegen war. Leo war Priester und Kirchenpolitiker zugleich. Der römische Aristokrat haßte die »rasenden Barbaren« und konnte sich nicht denken, daß ihnen einmal die Zukunft gehören sollte. Seine Politik war nach dem Osten gerichtet. Über alle dogmatischen Differenzen hinweg bewegte ihn die Frage: sollte das historische Rom seine Unabhängigkeit verlieren und zu einer lateinischen Provinz des griechischen Ostens hinabsinken? Diese Sorge war das politische Erbe, das Leo seinen Nachfolgern hinterließ. Religion und Politik flossen, wie immer, ineinander. Die große Wende in dem Verhältnis zu Byzanz trat mit dem dritten Nachfolger Leos ein. Felix III. (483–492) stammte aus der hohen Nobilität senatorischer Geschlechter, war Familienvater, also erst spät in den geistlichen Stand übergetreten. Seine Wahl verdankte er der Partei der Unabhängigen im Senat. In seiner Umgebung befand sich der aus Alexandria vor seinem Gegner Petrus Mongus geflüchtete orthodoxe *Johannes Talaja,* der ein entschlossener Gegner des Henotikon war. Auch in Rom hatte man das Unionsdekret nie anerkannt, obwohl Felix' Vorgänger, der weichherzige Simplicius, sich mit bloßen Einsprüchen, auf die er nie eine Antwort erhielt, begnügt hatte. Anders ging Felix vor. Nach zwei erfolglosen Drohbriefen an den Kaiser und den häretischen »Mitbruder« in Konstantinopel sprach er auf einer römischen Synode Ende Juli 484 über den Patriarchen die Absetzung und den Ausschluß aus der Kirche aus. Das bedeutete das Schisma zwischen Ost und West.
Kaiser Zeno, dessen Thron nicht gerade stabil war, holte zum Gegenschlag aus. Odoaker, der mit der geringen Zahl seiner Truppen Byzanz nie ernsthaft gefährlich werden konnte, sollte gestürzt und Italien unterworfen werden. Wie einst Ostrom die Westgoten zum Einfall in Italien angestachelt hatte, so wandte sich Zeno an die durch den Zusammenbruch der hunnischen Macht befreiten Ostgoten. Deren junger Volkskönig *Theoderich,* der einst als Geisel am byzantinischen Hof gelebt hatte, jetzt hohe Ehrenämter bekleidete und bei Zeno in Ansehen stand, sollte das Werkzeug des intriganten Spiels sein. Als oströmischer Heermeister und mit allen Versprechungen für die Zukunft versehen, brach Theoderich nach Italien auf. Der überraschte Odoaker besaß kaum hinreichend Kräfte, die Invasion abzuwehren. Im Jahre 493 hatte Theoderich Ravenna eingenommen. Der besiegte Odoaker wurde unter dem

Vorwand, über eine künftige gemeinsame Politik zu verhandeln, vorgeladen. Als er den Palast betrat, schlug ihn Theoderich mit einem wuchtigen Schwertstreich vom Schlüsselbein bis zu den Hüften in zwei Teile auseinander. »Nicht einmal Knochen scheint der Schuft zu haben«, bemerkte der Mörder zynisch. »Wo ist Gott?« Das waren Odoakers letzte Worte, bevor er zusammenbrach.
Theoderich wurde Herrscher Italiens. Formal übte er seine Regierung als Mandatar des Kaisers aus. Tatsächlich war er nahezu unabhängig. Der kirchliche Bruch zwischen Rom und Byzanz kam ihm dabei zugute. Aber die arianischen Goten blieben im katholischen Italien ein Staat für sich. Die letzte germanische Reichsgründung auf dem Boden der sinkenden Antike brachte es nur zu einer Scheinblüte. Eine Synthese von Römertum und Germanentum kam nicht zustande. Solange jedoch im Osten kein Umschwung erkennbar wurde, konnten der »ketzerische« Theoderich und der orthodoxe Papst wie natürliche Verbündete nebeneinander leben. Arianische und katholische Bischöfe standen sich nirgends im Wege. Selbst der streng traditionalistische *Gelasius I.* (492–496), der Vertreter der Lehre von den zwei Gewalten – der Autorität der Kirche und der Macht der weltlichen Herrscher –, duldete nicht nur die arianische Staatskirche, sondern anerkannte auch den Rechtsschutz der gotischen Herrschaft. So gut war jedenfalls das Verhältnis, daß Klerus und Senat sich bei der schwierigen Wahl des Papstes *Symmachus* (498–514) an Theoderich mit der Bitte um seine Entscheidung wandten.
In der ganzen Zeit hat es nicht an Versuchen gefehlt, das Schisma zu beseitigen. Theoderich hat sich nicht eingemischt, obwohl das Ergebnis für ihn von größerem Interesse sein mußte. Erst mit dem Regierungsantritt Kaiser *Justins* (518–527) trat die entscheidende Wende ein. Der mazedonische Bauernsohn, der lateinisch sprach, aber nicht lesen und schreiben konnte und Kommandeur der kaiserlichen Leibgarde gewesen war, leistete nach seiner Wahl zum Kaiser trotz seiner 67 Jahre mit seinem ihm zur Seite stehenden hochgebildeten Neffen Justinian einen völligen Systemwechsel ein. Es war auch höchste Zeit. Denn in Ostrom standen die Dinge keineswegs zum besten. Aufstände und Bürgerkriege erschütterten die Ordnung. Von Kleinasien rückte das halbzivilisierte Bergvolk der Isaurer, aus deren Mitte Kaiser Zeno stammte, revoltierend heran. Vom Norden schufen zum erstenmal die Slawen Unruhe. Schlimmer aber waren die neuen Angriffe der Perser. Hinter Justin standen die von orthodoxen Mönchen angestachelten Volksmassen, denen es um die Wiederherstellung von Frieden und Ordnung

ging. Schon im ersten Regierungsjahr wurde allen Bischöfen die Beachtung der Beschlüsse von Chalcedon wieder zur Pflicht gemacht. Der monophysitische Klerus wurde beseitigt. Justin zeigte dem Papst seinen Regierungsantritt an und bat um dessen Fürbitte. Das Eis war geschmolzen. Im Sommer 519 war das Schisma beendet.

Zunächst schien die neue reichskirchliche Union keine Folgen für die arianischen Goten zu haben. Justin bestätigte Theoderich in seiner Herrschaft und erkannte auch dessen Schwiegersohn Eutharich als Nachfolger an. Dennoch blieb dem König nicht unbekannt, daß im römischen Adel eine immer stärker werdende Hinkehr zur kaiserlichen Einheitspolitik im Gange war. Es erregte seinen Unmut, daß man in Byzanz den allmählichen Verfall seiner germanischen Blockpolitik (Ausscheren von Vandalen, Burgundern, bald auch Franken) unverhohlen begrüßte. Mißtrauisch geworden, witterte er überall Verrat. Als er dem Briefwechsel eines hohen römischen Senatsmitgliedes mit dem Kaiser auf die Spur gekommen war, glaubte er, man habe es auf den Sturz seines Königtums abgesehen. Wütend schlug er zu. Das erste Opfer wurde der feingebildete christliche Philosoph *Boethius,* der an seinem Hofe in Ravenna eine hohe Vertrauensstellung bekleidete. Er wurde ins Gefängnis geworfen und nach einiger Zeit hingerichtet. Boethius hat in der Zeit seiner Haft das berühmte Büchlein »Trost der Philosophie« geschrieben, ein Abschiedsgeschenk der sterbenden Antike, an den Rändern schwach umglänzt vom Licht des aufgehenden Christentums.

Bald darauf wurde auch der Schwiegervater des Boethius, *Symmachus,* der hochangesehene Präsident des Senats, ergriffen und nach kurzem Prozeß gleichfalls hingerichtet. Zur selben Zeit etwa fand eine neue Papstwahl statt. *Johannes I.* (523–526) war ein Kandidat der erstarkenden Reichspartei des Senats. Neue Empörung ergriff den König, als er hörte, daß Justin in Verfolg seiner orthodoxen Unionspolitik gegen die auf dem Balkan zurückgebliebenen arianischen Ostgoten vorging, ihre Kirchen beschlagnahmte und Zwangsbekehrungen zum katholischen Glauben anordnete. Er sandte eine aus vornehmen Römern gebildete Protestdelegation nach Konstantinopel, an deren Spitze der Papst stand. Das war politisch unklug und mußte auf den Papst, der gezwungen wurde, sich für die arianischen Ketzer einzusetzen, geradezu provokativ wirken. Johannes wurde in Konstantinopel mit allen Ehren empfangen und durfte sogar in der Kathedrale lateinisch predigen. Seine Mission selber war ein Mißerfolg. Jetzt schwoll die Wut Theoderichs zur Raserei an. Johannes wurde als der angeblich

Schuldige ins Gefängnis geworfen, wo er nach wenigen Tagen starb. Volk und Kirche verehrten ihn wie einen Märtyrer. Theoderich hatte das Vertrauen der Römer verloren. Der neue Papst, *Felix IV.* (526–530), wurde auf Befehl Theoderichs gewählt. Er war ein Werkzeug des Gotenherrschers. Aber noch im selben Jahr starb Theoderich in Ravenna an der Ruhr. Eutharich war schon vor ihm gestorben. So übernahm dessen Witwe Amalaswintha, Theoderichs Tochter, für ihren unmündigen Sohn Athalarich die Regierung. Ein Jahr später starb Justin. Sein Neffe *Justinian* (527–565) bestieg den byzantinischen Kaiserthron. Das Ziel seiner Regierung stand fest: nach der Ausrottung aller Ketzer die kirchliche und politische Wiedervereinigung beider Reichsteile.

Justinians umstrittene, nicht ganz durchsichtige und widerspruchsvolle Persönlichkeit wie seine politische Wirksamkeit ist hier nur knapp zu skizzieren. Justinian gehört zu den großen Gestalten, die auch in der Kirchengeschichte ihren bedeutsamen Platz haben. War er ein Tyrann, ein Heiliger, ein Genie, ein Schwächling? Auf alle Fälle war er ein Mann, der von der hohen Mission seines sakralen Kaisertums tief überzeugt war. Er hat Konstantinopel nie verlassen, nie eine klare Vorstellung von den Ländern gehabt, die seine Feldherren in seinem Auftrage eroberten. Wie tausend Jahre später der spanische Habsburger Philipp II. in seinem Escorial, lebte er abgeschlossen in seinem riesigen Palast, unablässig arbeitend, grübelnd, mit theologischen Fragen beschäftigt, bald wieder unruhig Tag und Nacht durch die Räume schreitend, dann und wann den Rat vertrauter Priester suchend. Mäßig im Essen und Trinken, die Fastenzeiten peinlich genau beachtend, machte er den Eindruck eines Asketen, voller Würde und Distanz der Umgebung gegenüber. Neben dem offiziellen Latein liebte er seine albanische Muttersprache. Ihm zur Seite stand seine um 15 Jahre jüngere Gemahlin *Theodora,* Tochter eines Tierbändigers im Hippodrom Konstantinopels. Sie war in Zirkusluft aufgewachsen, als Schauspielerin ist sie in gewagten Rollen aufgetreten. Diese Herkunft hat die Geschichtsschreiber dazu verführt, sie auf dem Hintergrund eines düsteren Sittengemäldes zu zeichnen. Der hämische Prokop dichtete ihr das Hurenhaus als Erwerbswelt an. »Amazone« nannte man Mädchen ihrer Lebensart. Auf alle Fälle war sie eine »Frau mit Vergangenheit«, als sie 28jährig Justinian heiratete, der zur Eheschließung eines besonderen gesetzlichen Dispenses bedurfte. Sie hatte damals schon lange das Kleid des Lasters abgeworfen. Klein von Gestalt, eine bleiche Schönheit, spielte der Mann als Geschlechtswesen in ihrem Leben jetzt keine Rolle mehr. Als Kaiserin führte sie ein sittenstrenges Leben und fand sich rasch in ihre

Herrscherrolle hinein. Sie wurde ihrem Gemahl eine wichtige Helferin in der hohen Politik, wo ihr Wille nicht weniger mächtig war als einst auf und hinter der Schaubühne des Zirkus.

Kirchenpolitik gehörte zum Lebensbrot eines Herrschers jenes Jahrhunderts. Für den Laientheologen Justinian hieß das: auf der Basis einer geeinten Kirche ein zerborstenes Weltreich wieder zu einer politischen Einheit zusammenzufassen. Was viele seiner Vorgänger vergeblich versucht hatten, wollte er mit Gesetzen und Polizei durchsetzen. Dem Heidentum sollte neben der christlichen Weltanschauung kein geistiges Lebensrecht mehr zugestanden werden. So ließ er 529 die alte Philosophenschule in Athen schließen. Zugleich wurde allen Reichsbürgern die christliche Taufe befohlen. Das hieß: der Taufschein wurde das Entreebillett zur politischen Kulturwelt. Wie der Getaufte sich in seiner praktischen Lebensführung benahm, war seine Sache, wenn er nur den amtlichen Vorschriften nicht zuwiderhandelte.

Die nächste Aufgabe war die Vernichtung der arianischen Ketzerstaaten. Mit dieser Aufgabe wurde der Feldherr *Belisar* betraut, der eine der früheren Genossinnen der Kaiserin zur Frau hatte. In den nun einsetzenden Feldzügen sah sich der Kaiser keiner germanischen Einheitsfront gegenüber. Theoderichs Heiratspolitik hatte keinen Erfolg gehabt. Jeder der Stammeskönige suchte *seinen* Nutzen. Familienbande waren kein Hindernis, wenn bessere Aussichten auf Gewinn sich boten. So unterstützte Amalaswintha von Sizilien aus die nach Afrika segelnde Flotte der Byzantiner mit Proviant. Seit langem bestand zwischen Goten und Vandalen Zwietracht. *Amalafrida,* Schwester Theoderichs und Witwe des Vandalenkönigs *Thrasamund,* wurde von dessen Nachfolger *Hilderich* samt ihrer gotischen Leibwache umgebracht, weil sie für ein Bündnis mit den Goten und für einen friedlichen Ausgleich zwischen Katholiken und Arianern eingetreten war. Als Hilderich Fühlung mit Justinian suchte, wurde er 530 von *Gelimer* gestürzt.

Der Vandalenkrieg 533/34 endete mit einem vollen Sieg Belisars. Gelimer kapitulierte und wurde im Triumphzug nach Konstantinopel gebracht. Als man ihm vor dem Kaiserthron den Purpurmantel abnahm, murmelte er die Worte aus dem Prediger Salomo (1,2): »Eitelkeit der Eitelkeiten, alles ist eitel.« Obwohl er seinen arianischen Glauben nicht aufgeben wollte, gewährte ihm Justinian dauernden Aufenthalt auf einem prächtigen Landgut in Galatien, wo er mit seiner Familie einen glücklichen Ruhestand verbringen konnte. Das vandalische Volk ging lautlos in der Masse der römischen Bevölkerung unter. Afrika, die reichste Provinz, gehörte wieder zum Imperium.

Justinian hatte sich in kurzer Zeit den Unwillen breiter Volksmassen zugezogen. Was anfänglich unter seinem Oheim wie ein Weg zur Freiheit aussah, schien neuerdings ein Weg in die Despotie und Korruption zu sein. Sein Kampf für die Orthodoxie und gegen den Monophysitismus verschmolz im Verlangen der Menge mit politischen und sozialen Forderungen. Schwer lastete auf dem Volk der immer stärker werdende Druck der Steuern, das stumpfe Instrument wirtschaftlicher Krisenzeiten. Er untergrub die politische Moral. Die Günstlinge am Hofe, die hohen Beamten, wurden Gegenstand eines fanatischen Hasses. Er fand seinen Ausdruck in den beiden Parteien der »Blauen« und der »Grünen«. Ursprünglich handelte es sich bei diesen Farben um zwei Gruppen von Wettkämpfern im Zirkus, der Stätte rauschender Vergnügungen. Der Zirkus bot viel für die Unterhaltung. Die Rennfahrer waren die Lieblinge des Publikums. Die Sieger wurden bejubelt, empfingen Ehrenurkunden und sonstige Auszeichnungen. Die Sensationslust der Massen wollte befriedigt werden, und keine Regierung konnte es sich leisten, dieses Bedürfnis nicht hinreichend zu hätscheln. Große Summen mußte der Staat, gleichsam als sozialen Kulturbeitrag, hergeben. In jeder Stadt der Spätantike gab es Hippodrome. Am aufwendigsten war das Hippodrom in der Kaiserstadt, wo die Schaulust der Massen auch noch das Glück haben konnte, die Majestäten und andere Mitglieder der Hofgesellschaft zu sehen. Von dem Gebäude des Zirkus führte ein direkter Zugang zum anstoßenden Kaiserpalast. Das fromme Monarchenpaar wie die streng orthodoxen Christen besaßen im Zirkus ihre festen Plätze.
Aber nun war der Zirkus auch zur politischen Tribüne geworden. Wer am Toto Wetten abschloß, tippte auch kirchenpolitisch. Die Anhänger, Verehrer und Geldgeber der »Grünen« oder »Blauen« waren Vertreter politischer Parteien. Die »Grünen« waren »liberal« und weitherzig genug, auch Monophysiten und anderen »Abweichlern« ein christliches Dasein zu gewähren, während die »Blauen« konservativ-orthodox waren und den Beifall der kaiserlichen Regierung fanden.
Als einige Anhänger der »Grünen« gefangengenommen und hingerichtet worden waren, kam es im Januar 532 im Zirkus zu einem offenen Tumult. Der anwesende Kaiser wurde hart kritisiert und aufgefordert, zwei besonders verhaßte Beamte seiner Regierung zu entlassen. Erschrocken gab er widerwillig nach, als er sehen mußte, daß »Blaue« und »Grüne« gemeinsam gegen ihn Stellung genommen hatten. Diese mißtrauten jedoch seinen Versprechungen. Es kam zu einem revolutionären Aufstand. Mit dem Ruf »Nika« (Siege!) stürmten die Massen durch die Straßen. Öffentliche Ge-

bäude und Kirchen wurden in Brand gesteckt und das kaiserliche Paar im Palast regelrecht belagert. Der einer solchen Situation nicht gewachsene Kaiser war zur Flucht entschlossen. Da trat Theodora auf den Plan. »Ich werde keinesfalls fliehen«, rief sie ihrem Gatten zu. »Die, welche die Krone tragen, dürfen niemals ihren Verlust überleben. Nie wird man den Tag sehen, wo man mich als Kaiserin noch grüßen wird. Willst du fliehen, Cäsar, nun gut. Du hast Geld, die Schiffe stehen bereit, das Meer ist offen. Ich für meine Person bleibe. Ich liebe den alten Satz, daß der Purpur ein gutes Leichentuch ist.« Diese stolzen Worte retteten den Thron. Allerdings um einen furchtbaren Preis. Der auf dem Wege nach Afrika befindliche Belisar und der Günstling der Kaiserin, der Kommandeur der Leibwache, *Narses,* erhielten den Befehl, unter den Aufständischen ein Strafgericht zu veranstalten. Beide zogen mit Truppen, unter denen sich auch arianische Germanen befanden, zum Zirkus und richteten unter den dort versammelten Volksmassen ein furchtbares Blutbad an. Über 35 000 Menschen wurden niedergemetzelt. Justinians Herrschaft war gerettet. Theodora, die eigentliche Siegerin, war seitdem auch offiziell Mitregentin. Ihr Name erschien neben dem des Kaisers auf den Staatssiegeln, auf den Votivtafeln der Kirchen, über den Toren der Kasernen und in den Staatsurkunden.

Der Vernichtungskrieg gegen die Goten in Italien nahm längere Zeit in Anspruch (535/553). Zunächst hatte Belisar wieder den Oberbefehl. Nach den Anfangserfolgen mit der Einnahme Roms stieß er bald auf erbitterten Widerstand. Das Land wurde schwer verwüstet, der gotische König Wittiges als Gefangener nach Konstantinopel geführt, von wo er mit zahlreichen Goten zum Kampf an die persische Front gebracht wurde. Sein Nachfolger wurde ermordet. Noch einmal gelang es *Totila,* die Herrschaft über Italien zu gewinnen. Aber im Kampf gegen Belisars Nachfolger, den Eunuchen Narses, erlitt er den Schlachtentod. Sein Nachfolger *Teja* wurde am Vesuv getötet. Die Kraft der Goten war erloschen. Als sie Franken und Alemannen zu Hilfe riefen, fielen diese plündernd in Italien ein und wurden bei Capua aufgerieben. Den Goten blieb jetzt nichts anderes übrig, als sich zu unterwerfen. Sie wurden nach Asien zum Kampf gegen die Perser geschickt und sind seitdem aus der Geschichte verschwunden. Italien war wieder eine römische Provinz, Ravenna Sitz des Vertreters der kaiserlichen Regierung. Mit der blutigen Vernichtung der Germanenreiche in Afrika und Italien war auch dem Arianismus ein Ende bereitet, zugleich der gesamte Mittelmeerraum für das katholische Imperium zurückerobert.

Schwieriger war die Einfügung der Monophysiten in die Glaubensdisziplin der Gesamtkirche. Die Losung: Ein Kaiser, ein Reich, eine Kirche! wollte gerade nach der christlichen Seite hin nicht glücken. Unaufhörlich hat der Kaiser darüber nachgedacht, wie es gelingen könnte, das Einheitsband des Glaubens auch um diese kirchliche Opposition zu schlingen. Mit Gewalt war nichts zu erreichen. Stillschweigend hat er geduldet, daß seine Gemahlin angesehene Monophysiten begünstigte und ihnen Schutz gewährte. Sie wollte ihnen entgegenkommen, indem das katholische Bekenntnis ihrer Lehre angeglichen werden sollte. Auch bei Justinian reifte der Gedanke, die Möglichkeit, die die Beschlüsse von Chalcedon boten, entsprechend auszuwerten. Fromme Autokraten haben oft die Neigung, mit eigenen theologischen Leistungen ihre Umwelt in Erstaunen zu setzen. Im Jahre 544 veröffentlichte der Kaiser ein Edikt über die »Drei Kapitel«, in dem drei der nestorianischen Lehre verdächtige syrische Theologen, die das orthodoxe Kollegium von Chalcedon seinerzeit nicht erfaßt hatte, preisgegeben wurden. Mit dieser nachträglichen Verdammung hoffte der Kaiser, die Monophysiten zu gewinnen. Aber das Edikt wurde von vielen Bischöfen, namentlich von den Lateinern, als ein Angriff auf Chalcedon empfunden. Viel kam jetzt auf die Stellung des Papstes an. *Vigilius* (537–555) war als ein Werkzeug der kaiserlichen Politik auf den Apostolischen Stuhl gelangt, Belisar hatte ihn während des Gotenkrieges eingesetzt. Er war sehr ehrgeizig, aber nicht charakterfest. Er scheute vor einer Stellungnahme zurück. Aber Theodora ließ ihn mit List und Gewalt nach Konstantinopel entführen. Was sich dort bis zur Einberufung eines Konzils zwischen Kaiser und Papst abgespielt hat, darüber konnten beide kein reines Gewissen haben. Zunächst hatte Vigilius unter einem *geheimen Eid*, geschworen auf »die Evangelien und die Nägel vom heiligen Kreuz«, dem Edikt zugestimmt. Als er den wachsenden Widerstand der westlichen Bischöfe vernahm, schwenkte er um. Der jetzt mißtrauisch gewordene Kaiser verhängte über ihn eine Art Hausarrest. Soldaten mußten den greisen Oberhirten, der sich in der Kirche an einer Altarsäule festgeklammert hatte, an Bart und Füßen fortziehen, wobei der marmorne Opfertisch umkippte und mit seinen Trümmern den Papst beinahe erschlagen hätte. Nachts gelang es Vigilius durch eine Mauerlücke zu entfliehen, über den Bosporus zu kommen und in Chalcedon, in derselben Kirche, in der vor 100 Jahren das Konzil sich versammelt hatte, Zuflucht zu finden.

Das 5. ökumenische Konzil (553) fand ohne Anwesenheit des Papstes statt. Der Kaiser konnte jetzt auch auf ihn verzichten. Er hatte inzwischen ein neues, revidiertes Edikt veröffentlicht, das die gleichen Verdammungen der drei Syrer aussprach, aber in der strittigen Frage der Naturenlehre mit theologisch wendigeren Formeln ausgestattet war. In der neuen Prachtkathedrale, der Hagia Sophia, waren etwa 150 Metropoliten und Bischöfe versammelt. Der Kaiser gab zunächst das Material seiner Verhandlungen mit Vigilius bekannt, auch dessen geheimen Eid. In feierlichen Sentenzen wurde Vigilius aus den Kirchenlisten gestrichen, was bedeutungslos war, da es keine Absetzung bedeutete, sondern nur die einstweilige Suspension von seinem römischen Bischofsamt. Vigilius hat nach der Synode abermals eine Schwenkung vollzogen, indem er sich bedingungslos zum kaiserlichen Edikt bekannte. Er hat indessen Rom nicht wiedergesehen. Auf der Reise dorthin ist er in Syrakus gestorben.

Grundlage der Verhandlungen war das kaiserliche Edikt, das die Reichsdogmatik um einige weitere Dunkelheiten bereicherte. Origenes wurde endgültig verdammt, ebenso die drei Syrer. Ein neues Bekenntnis wurde nicht formuliert. Theologische Aristoteliker konnten mit ihrer flinken Interpretationsmagie den Eindruck erwecken, daß das Chalcedonense eine geräumige Schutzhütte auch für Monophysiten sei.

Die grundsatztreuen Monophysiten ließen sich nicht täuschen. Die Mehrheit bildete bald eine eigene Gemeinde, die »Hauptlosen« (Akephaloi). Ihr Organisator wurde ein Mönch *Jakob Baradai*. Unter seinem Einfluß entstanden die syrisch-monophysitische Kirche, auch »Jakobiten« genannt, und die koptische Kirche in Ägypten. Von ihr ging die Bekehrung der Nubier aus, während die Nestorianer bis nach Persien, Indien und Ceylon drangen.

Theodora, deren Anteil an der verunglückten Religionspolitik des Kaisers nicht gering veranschlagt werden kann, ist 548 im Alter von 52 Jahren einem Krebsleiden erlegen. 17 Jahre später, am 11. November 565, ist Justinian 83jährig gestorben. An der Seite seiner Gemahlin ist er in der Apostelkirche beigesetzt. Die Trauerfeier fand mit byzantinischem Pomp und sakralem Ernst statt. Das Zimmer des Palastes, in dem der tote Herrscher aufgebahrt war, erstrahlte im Glanz zahlloser Kerzen, umduftet von Weihrauch. Wie das Zeremonienbuch es vorschrieb, trat der Minister des kaiserlichen Haushalts an die Bahre und rief den Toten dreimal an: »Geh hinaus, Kaiser, es ruft dich der König der Könige und der Herr der Herren.« Dann setzte sich der Zug in Bewegung. Er führte durch menschenüberfüllte Straßen, abermals unter Kerzenlicht und mit viel Weihrauch, begleitet von einer großen Schar singender und betender Priester und Mönche. – Einer der großen

Herrscher der sinkenden Antike war dahingegangen. Er hatte das zerbrechende Imperium noch einmal zu einer Einheit zusammengezwungen. Aber dieses Rhomäerreich hat seinen Tod nicht lange überdauert. Bald brach alles auseinander. Ost und West begannen jetzt endgültig ihre getrennten Wege zu gehen.

Zwischenbilanz

Justinian war kein schöpferisches Genie. Er war ein betender Tyrann. Keine seiner Leistungen wies in die Zukunft, allein auf die Wiederkehr des Gestern richtete sich sein Bemühen. Im Grunde ein von der Angst gepeitschter Mann, dem nichts schnell genug gehen konnte. Neben der Zusammenstellung des umfangreichen Corpus iuris civilis samt Digesten, das seinem Verwaltungsfanatismus Ehre machte und zur Grundlage des abendländischen Rechts wurde, war seine größte und für die Zukunft des östlichen Christentums folgenreichste Leistung die Errichtung des byzantinischen Gottesstaates. Der in dieser christlichen Staatsdespotie herrschende Cäsaropapismus erdrückte jede individuelle Freiheit. Die theologische Diskussion kam zum Stillstand.

Die Gefahr, daß auch das lateinische Abendland die Züge eines christlichen Kalifats annehmen könnte, ist durch die geschichtliche Situation verhindert worden. Zunächst schien es allerdings so, als solle auch über Italien völlige Nacht hereinbrechen. Der Gotenkrieg hatte ein Chaos hinterlassen: Verwüstung und Hungersnot, das Fehlen jeder Führung. Von der oströmischen Herrschaft auf Sizilien und in Unteritalien war für den Aufbau des Landes nichts zu erwarten. Byzanz hatte alle Kräfte auf die persische Front zu konzentrieren. Da brach vom Norden her eine neue Katastrophe über das schwer geprüfte Land herein: der Eroberungszug der Langobarden (568). Es ist nicht ausgeschlossen, daß der am byzantischen Hofe in Ungnade gefallene Narses sie herbeigelockt hat. Ganz Oberitalien fiel in ihre Hände. Pavia wurde ihre Hauptstadt. Justinian II., der durch die Perser im Osten und durch Awaren und Slawen auf dem Balkan in Atem gehalten wurde, konnte keine Hilfe leisten. Sein Rat, mit Gold die Franken zu einem Bündnis zu bewegen, führte nur zu einem vorübergehenden Erfolg. Ravenna und Rom blieben zwar frei, aber im Süden entstanden die langobardischen Herzogtümer Spoleto und Benevent. Für die Kirche war die langobardische Herrschaft eine Zeit schwerster Bedrängnisse. Denn die Langobarden waren zu einem Teil noch Heiden, zum anderen Arianer. Das gab Schwierigkeiten genug. Unter den

Päpsten ragte nur einer an Bedeutung heraus: *Gregor der Große* (590–604). Er stammte aus altem römischen Stadtadel, hatte sich freiwillig entschlossen, Mönch zu werden und selber ein Kloster begründet, nach der Regel, wie sie *Benedikt* von Nursia 529 für die Mönche seines in Monte Cassino gegründeten Klosters aufgestellt hat und die für die Entwicklung des abendländischen Klosterlebens epochemachend geworden ist. Gregor kann als das erste große Vorbild und Beispiel für benediktinische Frömmigkeit gelten. Er besaß als Papst nüchternen Sinn für Realitäten seiner Zeit. Die langobardische Herrschaft war eine Tatsache, mit der auch er als Papst zu rechnen hatte. Der Sonderfrieden, den er mit ihnen schloß, gab der bedrängten Kirche Ruhe und dämmte Willkürakte der Eroberer ein.
Dennoch sah die Zukunft düster aus. In größter Bedrängnis war auch der Osten. Dem Sassanidenherrscher Chosroes II. (590–628) war es gelungen, die wertvollsten oströmischen Provinzen – Syrien, Palästina, Ägypten – zu erobern. Karthago war bereits genommen, und schon standen die persischen Sturmtruppen in Chalcedon der Kaiserstadt gegenüber. Byzanz schien an der Gurgel gepackt. Da trat noch einmal eine Wende ein. Kaiser *Heraklius* (610–640) nahm den Kampf gegen die persische Großmacht auf. In mehreren Schlachten konnten alle Provinzen zurückerobert und mit dem geschlagenen Gegner ein ruhmvoller Frieden geschlossen werden (628). Der Kaiser hätte nun die Hände frei gehabt, um die Langobarden aus Italien zu vertreiben. Zunächst hatte freilich die Dogmatik wieder das Wort. Es ging erneut um die Gewinnung der Monophysiten. Mit einer neuen Formulierung des Naturengeheimnisses Christi sollten diese für das schon reichlich ausgefledderte Chalcedonense willfährig gemacht werden. Es hieß jetzt: in Christus waren zwei Naturen, aber nur eine Energie, oder wie man bald sagte, ein Wille (thelema). Diese monotheletische Lehre stieß sofort auf die Ablehnung Roms. Aber auch für die Monophysiten kam sie zu spät. Denn gerade zu der Zeit erhob sich der Sturm aus Arabien zur Eroberung der asiatischen und afrikanischen Mittelmeerküste durch den Islam. Im Osten wurde das neupersische Reich erobert, Ostrom verlor für immer seine eben erst den Persern wieder abgenommenen Provinzen, darunter die Hochburg der Monophysiten, Ägypten. Jetzt erst war die Hoffnung auf eine Erneuerung des Imperiums dahin.

Der Römerstolz hat sich lange gegen die Erkenntnis gewehrt, daß die Zukunft der Weltgeschichte nicht mehr vom Mittelmeerraum aus bestimmt werde. Es war Papst Gregor I., der aus den Geschehnissen seiner Zeit die richtige Einsicht gewann: vor seinen Augen stand die Welt der Germanen als die große Aufgabe der Zukunft. Es war seine Überzeugung, daß sich hier ein Tor auftue, durch das die Kirche mit ihrer Mission, wie auch mit ihrer Organisation zu schreiten habe. Unter seinem Pontifikat traten die spanischen Westgoten wie die in Italien ansässig gewordenen Langobarden vom Arianismus zum Katholizismus über. Auf seine Veranlassung begann die Missionierung der Angelsachsen auf der britischen Insel. Gregor hatte auch Verbindung zu den Franken aufgenommen, die in einem stürmischen Eroberungszug zu einer Großmacht nördlich der Alpen geworden waren. Er kam allerdings mit seinen Wünschen noch nicht zum Ziel. Dennoch blieb es den Franken vorbehalten, Europa auf neuen Grundlagen zu errichten, nachdem es feststand, daß das Christentum nach der Abriegelung des Mittelländischen Meeres durch den Islam auf diesen Kontinent beschränkt bleiben würde. Die Franken, aus einer Vielzahl kleinerer rechtsrheinischer altgermanischer Stämme hervorgegangen, hatten unter dem Merowingerfürsten *Chlodwig* 486 den Rest der römischen Herrschaft in Gallien beseitigt. Nach Ausschaltung aller Gaufürsten, wobei sogar vom Mittel des Meuchelmords Gebrauch gemacht wurde, und Besiegung der Alemannen, Westgoten, Burgunder, Thüringer und Bayern hatte die Konsolidierung eines fränkischen Großreiches um 558 ihren vorläufigen Abschluß gefunden. Bedeutsam für die Zukunft war die etwa um 500 vollzogene Taufe Chlodwigs nach katholischem Ritus. Damit hatte sich der Frankenherrscher den Zugang zum gallisch-römischen Episkopat gebahnt. Keineswegs bedeutete die Taufe einen spürbaren religiösen Gesinnungswandel. An dem Übertritt zum Christentum war in diesem ersten Stadium nur der Schwertadel beteiligt, für den das Christentum zum kulturellen Beutegut des Eroberers gehörte. Bei diesen kriegerischen Anschauungen war für eine Weiterbildung des kirchlichen Wesens nicht viel zu erwarten. Freilich stand auch die gallische Kirche damals nicht mehr auf voller Höhe. Aber sie repräsentierte immerhin noch ein Stück religiös-kulturellen Lebens. Vor allem hatte der Episkopat eine Reihe äußerer Verwaltungsaufgaben übernommen, die ihm durch den Niedergang der alten staatlichen Ordnung zugefallen waren. Die Franken bedienten sich zunächst der Organisation der Kirche für ihre Zwecke, belehnten ihre verdienstvollen Gefolgsleute mit dem reichen Kirchengut, setzten sie auch in hohe kirchliche Ämter ein, so daß aus der früheren römischen Provinzialkirche allmählich eine fränkische Reichskirche entstand. Dabei traten die rein kirchlichen Gesichtspunkte immer mehr zurück. Die Kirche sank auf einen betrüblichen Tiefstand. Gefördert wurde diese Entwicklung durch die fortschreitende sittliche Verwahrlosung der hohen Führerschicht. Mit einer Rohheit sondergleichen verschleuderte das Königshaus nach jedem Thronwechsel unter blutigen Kämpfen das Erbe. Im Laufe dieser Auseinandersetzungen hatten sich drei Gebiete herausgebildet: Austrien mit den Residenzen Reims und Metz, Neustrien mit Paris und Soissons, sowie Burgund. Die Verwaltung lag in den Händen führender Familien des hohen Beamtenadels, die als Hausmeier die eigentliche Regierung ausübten. Der Niedergang des Merowingergeschlechts wurde noch mehr durch den wirtschaftlichen Verfall beschleunigt, der im 7. Jahrhundert durch den weiteren Siegeszug der Mohammedaner einsetzte. Die Araber wurden mit der Eroberung Afrikas und des größten Teils Spaniens Erben des antiken Handels und blockierten die wichtigsten Schiffahrtswege nach Gallien. Durch die ausfallenden Zölle wurden die Merowinger aller größeren Geldquellen beraubt und gerieten noch mehr in die Abhängigkeit des führenden Adels. Den Gewinn aus dieser Situation zog das in seiner ökonomischen Stellung am wenigsten vom Mittelmeerhandel berührte austrasische Bauerngeschlecht der Pippiniden. Nachdem sie alle Nebenbuhler aus dem Wege geräumt hatten, war ein gesamtfränkischer Prinzipat unter austrasischer Führung so gut wie gesichert. Das Königtum der Merowinger war zu einem Schattendasein herabgesunken. Im Jahre 732 errang Pippins des Mittleren illegitimer Sohn *Karl Martell* mit langobardischer Hilfe einen Sieg über die Araber, die auf ihren Plünderungszügen über die Pyrenäen in Südgallien eingedrungen waren. Man hat diese Schlacht zu einem großen kulturellen Entscheidungskampf stilisiert, wozu kein Anlaß besteht. Die spanischen Muslime befanden sich mit ihrem Emirat Cordoba nach dem Sturz der Omajaden, dem Sieg der Abassiden und der Errichtung des neuen Kalifats Bagdad in einer Isolierung. An einen Eroberungszug durch Westeuropa mit einer Dauerherrschaft konnten sie nicht denken, blieben deshalb auch bis zum 15. Jahrhundert auf die Iberische Halbinsel beschränkt. Allerdings hat der Sieg über die Araber Karl den Ruhmestitel eines Kriegshelden verschafft und das Ansehen der Pippiniden bei den Zeitgenossen noch mehr gehoben. Das Papsttum hat sich wiederholt bemüht, mit den fränkischen Herren in ein Verhältnis zu kommen. Es brauchte Hilfe gegen den

Druck der Langobarden. Anderseits haben Karls Söhne aus vielen Gründen eingesehen, daß die Verbindung mit dem römischen Stuhl auch für sie von Vorteil sein könnte. Eine Hebung der staatlichen Institutionen hatte eine Reform der in völligem Verfall befindlichen fränkischen Landeskirche zur Voraussetzung.
Nachdem seit 590 iroschottische Mönche die Christianisierung der Bayern und Awaren mit Klostergründungen begonnen hatten, ohne jedoch die eingerissene Verwilderung der Sitten auch nur ein wenig eindämmen zu können, setzten angelsächsische Boten das Werk im 7. Jahrhundert fort. Sie begannen bei den ihnen stammesverwandten Friesen, die der Missionspredigt jedoch harten Widerstand entgegensetzten, weil sie mit Recht fürchteten, mit der Annahme des Christentums in die Abhängigkeit der Franken zu kommen. Denn die fränkischen Hausmeier ließen bei ihrer Unterstützung der Mission keinen Zweifel, daß sie diese als Schrittmacher ihrer ausgreifenden Herrschaftspläne betrachteten. Auch *Winfrid*, der bedeutendste unter den Angelsachsen, hatte bei den Friesen keinen Erfolg. Aber auch die anderen Germanen ließen sich nicht »bekehren«, jedenfalls hatte die Christianisierung keine Rückwirkungen auf irgendeine Art »innerer« Umkehr. Die Missionierung der Germanen war ein langwieriger Erziehungsprozeß. Für die herrschenden Schichten war das Christentum eine politische Religion und die Taufe eine Art religiöser Ritterschlag, der nur am Adel vollzogen wurde. Voraussetzung für jede Christianisierung war eine leidlich intakte kirchliche Organisation. Sie zu fördern wurde die Aufgabe Winfrids. Wie seine Vorgänger ließ er sich für diesen Dienst in Rom weihen. Seitdem führte er den Namen *Bonifatius*. Sein Augenmerk galt den noch ganz heidnischen und in einem dumpfen Aberglauben befangenen rechtsrheinischen Gebieten. In knapp zehn Jahren wurde hier durch seine emsige Tätigkeit dem Heidentum zumindest der Boden entzogen. Eine Reihe von Klostergründungen wurde zu wichtigen Stützpunkten. Die jungen Kirchenbildungen wurden nach Organisation und innerer Ordnung fest an die römischen Vorschriften gebunden. Erstaunlich ist, wie rasch die römische Autorität vom fränkischen Episkopat anerkannt wurde, wenn auch viele Bischöfe, meist alte Haudegen, schwer begriffen, daß sie religiöse und sittliche Pflichten haben sollten. Bonifatius, vom Papst zum Bischof, bald zum Erzbischof ernannt, hat überall Besonnenheit wie eine feste Hand bewiesen. »Wir haben beschlossen und bekannt«, so lautete das Dekret einer von ihm geleiteten Reformsynode von 747, »den katholischen Glauben, Einigkeit und Unterordnung unter die römische Kirche bis zum Ende unseres Lebens zu bewahren, dem

heiligen Petrus und seinem Stellvertreter uns unterzuordnen, als Erzbischöfe das Pallium vom römischen Stuhl zu erbitten und in allen Dingen die Vorschriften des heiligen Petrus regelmäßig zu befolgen, um zu den Schafen gezählt zu werden, die ihm anvertraut sind.« Mit Gemeinde im modernen Verständnis hatte das wenig zu tun. Das Christentum war eine kirchliche Institution, ganz »von oben« her gebildet, wie es nicht anders sein konnte. Wenn die Reform Stückwerk blieb, so war der Wandel doch unverkennbar. Mit der wichtigen Ordnung der Bischofswahl nach römischer Vorschrift und der Bindung in religiösen Fragen an die Autorität des Papstes sollte der Kirche ein Rückhalt gegenüber weltlicher Willkür gegeben werden. Sie blieb eine fränkische Landeskirche, sie blieb auch eine Kirche der fränkischen Herrscher. Aber diese Kirche begann Gestalt zu gewinnen. In rund 35 Jahren hatte Bonifatius das ganze Frankenreich, mit Einschluß Bayerns, für das Christentum gewonnen; 7 Bistümer und 7 Klöster waren entstanden.

Den unmittelbarsten Gewinn von der kirchlichen Reorganisation hatte indessen der Hausmeier Pippin der Jüngere, der Sohn Karl Martells. Er hielt den Augenblick für günstig, seine eigene Stellung im Reich zu revidieren. So sandte er, fraglos im Einverständnis mit Bonifatius, zwei Vertreter der Kirche zum Papst, um eine gutachtliche Auskunft zu erbitten »betreffs der Könige im Frankenreich, die nicht die königliche Gewalt besäßen, ob das gut sei oder nicht«. Papst *Zacharias* (741–752) verstand zu gut. Seine Antwort: »Es sei besser, daß der König genannt werde, der die Gewalt habe, als einer, der ohne königliche Macht sei, damit der Ordo nicht gestört werde.« Kraft seiner apostolischen Autorität befahl er, Pippin zum König der Franken zu erheben. Damit waren für Pippin und die fränkischen Edelinge alle Bedenken hinsichtlich eines Staatsstreiches gefallen. Der letzte regierende Sproß der »langgelockten Königssippe«, Childerich III., verschwand in einem Kloster. Pippin wurde 751 in Soissons zum König der Franken ausgerufen. Den Mangel an königlichem Blut ersetzte die Kirche durch einen Weiheakt. In Gegenwart Bonifatius' salbten die fränkischen Bischöfe den neuen König mit heiligem Öl. Das alttestamentliche Vorbild der Königssalbung war leitend. Pippin war jetzt »der Gesalbte des Herrn«, die Legitimität seines Königtums nicht mehr zu bezweifeln.

Zwei Jahre später erschien Papst *Stephan II.* (752–757) persönlich bei Pippin, um die Gegenleistung zu erbitten. Er kam in Trauerkleidern, um die Größe des Leids, das die Kirche betroffen habe, augenfällig zu demonstrieren. Unter Tränen, »bei der Barmherzigkeit Gottes und der Macht der Apostel«, bat er den König, ihn und das römische Volk aus der Knechtschaft der Langobarden zu erretten. Das Zeremoniell, wozu auch die Tränen gehörten, entsprach den Formen der Kommendation, d.h. der Papst stellte sich unter den Schutz des mächtigen Frankenkönigs. Dieser wiederum war zur Hilfe verpflichtet, da er als christlicher Herrscher dem heiligen Petrus und seinen Nachfolgern Treue und Gehorsam gelobt hatte. Auf einer Reichsversammlung fand Pippin bei den Großen zunächst wenig Zustimmung für einen Langobardenfeldzug. Es gab Schwierigkeiten, die die Langobarden, mit denen man verbündet war, geschickt auszunutzen suchten. Aber schon jetzt zeigte sich, von welchem Gewicht die Verbindung mit der Kirche war. Der fränkische Episkopat stand fest hinter Pippin. Der Papst weihte darauf noch einmal Pippin, seine Gattin und seine Söhne in St. Denis und zeichnete dadurch die ganze Familie Pippins als die allein von Gott Erkorenen aus. Dazu kam es zwischen Papst und König zu vertraglichen Abmachungen, die von epochaler Bedeutung waren. Der Papst ernannte Pippin (und seine Nachfolger) zum »Verteidiger der Kirche« und »Patricius der Römer«. Das letztere war bis jetzt der amtliche Titel für den kaiserlichen Vertreter in Ravenna. Pippin versprach dafür die »Restitution« einer Reihe von Städten des byzantinischen Italiens, vornehmlich des im Exarchat Ravenna gelegenen Gebiets und des Dukats von Rom. Dieses »Schenkungsversprechen«, wie die Kurie diesen Teil des Vertrages nannte, ist der Ausgangspunkt einer politischen Neuordnung Italiens geworden. Denn nachdem Pippin in zwei kurzen Feldzügen (755/56) die Langobarden zur Herausgabe der genannten Gebiete gezwungen hatte, wurden sie nicht Byzanz, sondern dem »heiligen Petrus« übergeben. Es war der Anfang der Bildung des Kirchenstaates. Die schwebende Rechtslage wurde ersetzt durch einen phantastischen dokumentarischen Nachweis des historischen Anspruchs der Kurie. Zur selben Zeit entstand nämlich in Rom die größte Dokumentenfälschung der abendländischen Geschichte: das Constitutum Constantini, dessen wichtigster und zugleich berühmtester Teil die sogenannte »Konstantinische Schenkung« ist. Nach ihr soll, wie bereits früher schon angedeutet, Kaiser Konstantin wegen seiner angeblichen Heilung vom Aussatz Papst Silvester seinen kaiserlichen Lateranpalast, seine kaiserlichen Insignien, die Stadt Rom, Italien und alle Provinzen des Abendlandes geschenkt haben. Kaiserliche und päpstliche Regierung sollten als gleichrangig gelten. Was der unbekannte Fälscher (wahrscheinlich der oberste Beamte der Kurialbürokratie) darunter verstand, hat er wie folgt erläutert: der Kaiser habe beschlossen, so wie seine

Macht irdisch sei, so sei auch »die heiligste römische Kirche verehrend auszuzeichnen. Mehr als unser irdischer Thron sei der heiligste Stuhl des seligen Petrus ruhmvoll zu erhöhen«. Er habe deshalb dem Papst Gewalt, Würde, Macht und kaiserliche Ehre verliehen. Zwar habe Silvester aus Demut die goldene Kaiserkrone abgelehnt, dafür aber das weiße Phrygium (die Filzkappe in konischer Form, aus der im 11. Jahrhundert die Tiara, am Ende des Mittelalters aus drei Kronreifen bestehend, wurde) aufs Haupt bekommen, »in Nachahmung unseres Imperiums«. Wie der Kaiser ein reiches Gefolge um sich habe, das mit bestimmten Würden, Aufgaben und äußeren Zeichen des Ansehens versehen sei, so müßten auch die Kleriker Macht und Rang des Senats haben, Patrizier und Konsuln werden und mit kaiserlichen Würden ausgestattet werden. Zur Verdeutlichung der Trennung der kaiserlichen und der päpstlichen Gewalt habe der Kaiser daher beschlossen, sein Imperium und seine Herrschaft nach dem Orient (Byzanz) zu verlegen, denn »es sei nicht recht, daß dort der irdische Kaiser Gewalt habe, wo der Prinzipat der Priester und das Haupt der christlichen Religion vom himmlischen Kaiser eingesetzt sei«. Man wird die Bedeutung dieses Dokuments nicht übertreiben dürfen. Vor allem sind mit dem Ausdruck »Fälschung« nicht Vorstellungen des Kriminellen zu verknüpfen. Nicht eine bewußte Betrugsabsicht eines raffinierten Klerikers liegt vor. Man muß sich schon in die Denkweise der kirchlichen Menschen jener Zeit versetzen, um zu verstehen, wie sich aus der damaligen Lage – dem Rückzug der kaiserlichen Macht, der verzweifelten Zwangslage des von den Langobarden umklammerten Papsttums, der ständig drohenden Gefahr des Islam und plötzlich dem in die Zukunft weisenden Aufgang der germanischen Welt im Norden – der Drang regte, für diese Weltenwende eine theoretische Legitimation zu schaffen, um nicht zu kurz zu kommen. Man darf dieses Dokument auch als Ausdruck der Gedanken und Wünsche jener römischen Adelskreise (aus denen auch die Mehrzahl der Päpste und Beamten der Kurie hervorging) ansehen, denen die einstige Größe Roms ständig mahnend vor Augen stand und die sich als Träger des Gedankens der Respublica Romana fühlten. Die Wendung gegen Byzanz ist eindeutig zu spüren. *Praktische* Bedeutung hat übrigens das Dokument nie erlangt. Aber es blieb bis zum 14. Jahrhundert ein wichtiges Propagandapapier der päpstlichen Herrschaftsansprüche.

Karl der Große und die Kirche

Der Name Karls des Großen (768–814) steht am Anfang der

Geschichte zweier Völker. Die Deutschen und die Franzosen können sich mit gleichem Recht auf ihn berufen. Die von Karl errichtete Universalmonarchie enthielt die Voraussetzungen für die Entstehung beider Staaten. Trotzdem beginnt mit Karl weder die deutsche noch die französische Geschichte. Mit Karls Werk ist die Zeit der Völkerwanderung zum Abschluß gekommen. Das Zeitalter der gärenden Unruhen klang aus, die Formen einer neuen christlichen Welt traten hervor.

Man darf Karls Herrschertum nicht mit den Maßstäben moderner Anschauungen messen. Er fand eine Weltlage vor, die ihn zum Fortsetzer der Politik seines Vaters bestimmte. Als dessen Nachfolger übernahm er den Kampf gegen die Langobarden und das Verhältnis zum römischen Papsttum. Das setzte die Erweiterung der fränkischen Machtbasis voraus, d. h. die Auseinandersetzung mit den Bayern und die Christianisierung des heidnischen Stammes der Sachsen. Das alles geschah im Zeichen einer Eroberungspolitik, die durchdrungen war von dem Gedanken der Ausbreitung christlicher Kultur. Christentum aber war in diesen archaischen Zeiten politische Religion. Als der Langobardenkönig *Desiderius*, dessen Tochter Karls zweite Gemahlin war, auf einem Vorstoß nach dem Süden bis nach Rom gekommen war und den Papst aufgefordert hatte, die Söhne von Karls verstorbenem Bruder, die von der Erbfolge ausgeschlossen waren, zu fränkischen Königen zu salben, brach Karl nach Italien auf. Schon zu Beginn der Krisis hatte er dem Schwiegervater die Tochter zurückgeschickt. Während seine Truppen Pavia belagerten, eilte Karl nach Rom, versicherte Papst Hadrian I. (772–795) unter Wiederholung der Schenkungsversprechen seines Vaters seine Hilfe und zwang Desiderius zur Kapitulation. Mit seinem Familienanhang verschwand dieser hinter Klostermauern. Karl nannte sich jetzt Rex Francorum et Langobardorum atque patricius Romanorum. Seine neue Stellung in Oberitalien, durch die er in so unmittelbare Nähe des Papstes rückte, konnte diesem nicht geradezu gleichgültig sein. Aber Karls glänzende Erfolge, seine großzügige Erweiterung des Kirchenstaates, durch die er sich als Wohltäter der Kirche erwies, zwangen den Papst zur Anerkennung seiner Autorität.

Ebenso robust wie gegen Desiderius ging Karl gegen den Bayernherzog *Tassilo* vor, der ebenfalls Schwiegersohn des gestürzten Langobardenkönigs war. Er besaß eine ziemlich unabhängige Stellung, die er trotz seiner Vasallität zum Frankenreich immer mehr auszubauen verstand. Noch einmal leistete er, wenn auch gezwungen, Karl den Lehnseid, knüpfte jedoch Verbindungen mit den Awaren an, was ihn in den Augen Karls zum Landesverräter stempelte. Der Papst verhängte über ihn den Bann. Auf einer Reichsversammlung zu Ingelheim (788) wurde er zum Tode verurteilt, von Karl zu einer milden Klosterhaft in Lorsch begnadigt. Mit dem Besitz Bayerns hatte Karl den Weg frei nach dem Südosten zu einer ausgreifenden Awaren- und Slawenmission, deren Zentrum das neu errichtete Erzbistum Salzburg wurde. Während dieser Vorgänge vollzog sich in einem 30 Jahre währenden Kampf die grausame Unterwerfung der Sachsen. Grenzkämpfe zwischen Sachsen und Franken hatten schon lange vorher stattgefunden. Pippin wollte gegen sie schon einen Vernichtungskrieg führen. Aber erst Karl hat den Gedanken in die Tat umgesetzt, weil er hoffte, innere Krisen im sächsischen Stammesverband ausnutzen zu können. Aber der unerwartete Widerstand, auf den er schon bei dem ersten Angriff stieß und der sich, sobald er nur den Rücken kehrte, in wilden Aufständen entlud, führte dann zu einem langen Krieg (772–804), der mit den brutalsten Mitteln (bis zur Strafe der Zwangsdeportation) durchgeführt wurde. Daß Schwert und Mission Hand in Hand gingen, die Annahme des Christentums mit dem Druckmittel der Zwangstaufe erpreßt wurde, hat den Kämpfen einen besonders düsteren Charakter gegeben. Immer wieder genannt wird das Blutgericht bei Verden a. d. Aller (782), bei dem nach den fränkischen Reichsannalen 4500 Sachsen zur Strafe für einen von Herzog Widukind angezettelten treubrüchigen Abfall und Überfall hingeschlachtet wurden. Man nimmt der Tat nichts von ihrer bestialischen Härte, wenn man versucht, sie mit dem fränkischen Recht zu bemänteln.

Karl war gegen Ende des 8. Jahrhunderts der mächtigste Fürst des Abendlandes. Die von ihm erzwungene Einheit der germanisch-romanischen Völker hatte sich im Zeichen des Christentums vollzogen. Der Kirche hatte Karl durch das von ihm geleitete Werk der Slawen- und Awarenmission neue Gebiete erschlossen. Sein Machtbereich umschloß ein Gebiet, das von der Eider bis zum Golf von Neapel, vom Ebro bis zur Elbe, der Donau und der dalmatinischen Küste reichte. Darüber hinaus standen die angelsächsischen Königreiche, die Pikten in Schottland, die Iren und das Königreich Asturien zu ihm in einem politischen Freundschaftsverhältnis. Sogar mit dem Kalifen von Bagdad unterhielt er durch Gesandtschaften diplomatische Beziehungen.

Die abendländische Christenheit war auf das fränkische Machtzentrum hin ausgerichtet. Karl betrachtete sich als rex et sacerdos, als König und Priester, wobei der König an erster Stelle stand. Der theologische Freundeskreis am Hof in Paderborn bezeichnete ihn als »König David«. Selbst der Papst bediente sich in seinen Schreiben solcher Vergleiche aus der Bibel. Nach der Lektüre von Augustins »Gottesstaat«, dessen Gedanken er ganz nach seinem Sinn deutete, sah er sich und seine Regierung in die göttliche Heilsgeschichte eingeordnet und war der festen Überzeugung, daß Gott ihn und das fränkische Volk (womit ausschließlich der hohe Adel gemeint war) zu einer besonderen Mission berufen habe. In seinem Verhältnis zum Papsttum behielt er die Zügel fest in der Hand. Als Papst Leo III. 795 sein Pontifikat antrat, hat ihm Karl in einer fast programmatischen Weise seine Auffassung über das Verhältnis von fränkischem Königtum und Papsttum dargelegt: »Unsere (des Königs) Aufgabe ist es, die heilige Kirche Christi überall vor dem Ansturm der Heiden und der Verwüstung der Ungläubigen (Islam) draußen mit den Waffen zu verteidigen und drinnen durch die Anerkennung des katholischen Glaubens zu befestigen; Eure (des Papstes) Aufgabe ist es, mit zu Gott erhobenen Händen wie Moses unser Waffenwerk zu unterstützen, damit ... das christliche Volk über die Feinde seines heiligen Namens allezeit und allenthalben Sieg habe und der Name unseres Herrn Jesu Christi in der ganzen Welt gepriesen werde.« Wenn Karl den Papst auf das Beten verwies, so war es ihm damit durchaus ernst. Aber weil er, der priesterliche Herrscher, kirchliche und weltliche Ordnung als eine seiner Leitung anvertraute Einheit ansah, besaß der Papst in diesem politisch-theologischen Kosmos kein Eigenrecht. Karl hielt es für seine Pflicht, auch in Glaubensfragen mitzusprechen. An Gelegenheit dazu fehlte es nicht.

Als die Bischöfe Elipant von Toledo und Felix von Urgel (des letzteren Bistum befand sich im fränkischen Machtbereich) in Anlehnung an Auffassungen ihrer arabischen Umgebung von Christus lehrten, daß er als Mensch nur zum Sohn Gottes *adoptiert* sei, ergriff Karl sofort die Gelegenheit, um sich zur ungeteilten Gottessohnschaft zu bekennen. Seine Hoftheologen mußten entsprechende Gutachten ausarbeiten. Die Spanier wurden als Irrlehrer verdammt und zum Widerruf gezwungen.

Im gleichen Sinne hat Karl über das »filioque« im Glaubensbekenntnis entschieden. Im 6. Jahrhundert hatte die westgotische katholische Kirche in Spanien das filioque (der Heilige Geist ist vom Vater *und vom Sohn* ausgegangen) in das Glaubensbekenntnis aufgenommen. Seit 767 war es auch in der fränkischen Kirche heimisch geworden. Als zwischen fränkischen und griechischen Mönchen über diese Frage in Jerusalem ein Streit ausbrach, in dem die Griechen die Franken als Ketzer bezeichneten, forderte Karl auf einer Synode zu Aachen (809) die öffentliche Anerkennung des filioque, dessen Orthodoxie niemand bestreiten konnte, auch wenn es in den Formulierungen von Nicäa und Konstantinopel (325/81) nicht vorkam. Der Papst weigerte sich jedoch, Karls Wunsch zu entsprechen, und ließ in der Peterskirche zwei silberne Tafeln aufstellen, die in griechischer und in lateinischer Sprache den Text des Bekenntnisses ohne den Zusatz wiedergaben. Ob Karl und seine Hoftheologen eine sichere Kenntnis der diffizilen Probleme der Trinitätslehre besaßen, ist zweifelhaft. Anderseits entsprach ihre Haltung keineswegs nur einer Freude an dogmatischer Rechthaberei. Immerhin war Augustin in ihrem Kreis eine Autorität. Mit dem Bekenntnis zum Sohne Gottes war für Karl und seine Freunde ein fester Gedankenkreis gegeben, in dem Christologie und Ekklesiologie in einer Wesensbeziehung zueinander standen. Sie befanden sich damit auch in keinem Gegensatz zu den Auffassungen der Alten Kirche. Wenn sie an dem Zusatz des filioque festhielten, verstanden sie die als Werk des Heiligen Geistes entstandene Christenheit wirklich als eine Gemeinschaft mit dem Gott und Vater Jesu Christi, und anderseits war ihnen der Heilige Geist wirklich der *Heilige* Geist, d.h. die Selbstoffenbarung Gottes in seinem Sohne Jesus Christus. Das filioque ist Bestandteil des Credos der abendländischen Christenheit geblieben. Auch Rom hat es später (1014) in seinen offiziellen Kult aufgenommen, während der Osten es bis heute abgelehnt hat. Stärker in politische Zusammenhänge griff Karls Stellungnahme im sogenannten Bilderstreit. In Byzanz hatte der Syrer Leo III. (717–741), der erfolgreiche Bekämpfer des Islams, die namentlich in der griechischen Kirche gepflegte Verehrung der Bilder durch Konzilsbeschluß (754) verdammt. Er hoffte dadurch, den Gegensatz zwischen Christentum und Islam mindern zu können. Dagegen hatte sich nicht nur in der morgenländischen Kirche ein heftiger Widerstand erhoben, auch die römische Kirche nahm an dem ausbrechenden Streit teil, nachdem die Päpste sich für die Bilderverehrung ausgesprochen hatten. Als Kaiser Leo daraufhin die bisher dem Papst unterstehenden Gebiete von Thessalonich, Sizilien und des übrigen byzantinischen Italien der Kirchenhoheit des Patriarchen von Konstantinopel unterstellte, war die Kluft zwischen Rom und Byzanz wieder einmal offenbar. Bilderverehrer (Ikonodulen) und Bilderstürmer (Ikonoklasten) standen sich erbittert gegenüber. Auf der 7. ökumenischen Synode von Nicäa (787) hatte sich jedoch die Kaiserin Irene mit Papst Hadrian verständigt und die Bilderverehrung wieder erlaubt. Jetzt erhob Karl Einspruch, und zwar vornehmlich, weil man die fränkischen Bischöfe nicht eingeladen hatte. Der Papst hatte offenbar von der Nichteinladung der Fran-

ken keine Kenntnis genommen. In den sogenannten »Karolingischen Büchern«, einer Art theologisch-politischer Staatsschrift, betonte Karl dem Papst gegenüber den fränkischen Standpunkt: eine Synode des »Königs des Ostens« könne ohne die Anwesenheit der Vertreter des Westens nicht als ökumenisch gelten. Er berief 794 eine Synode nach Frankfurt ein. Sie war gut besucht. Die Bilderverehrung wurde verworfen. Der Papst konnte allerdings nicht gezwungen werden, diesen Beschluß anzunehmen. Es ist möglich, daß die fränkischen Theologen in Verwechslung der Ausdrücke »Anbetung« und »Verehrung« eine ungenaue Interpretation der östlichen Entscheidungen gaben. Wichtiger nach außen hin war, daß das Selbstbewußtsein der abendländischen Christenheit in der Führerstellung des fränkischen Großkönigtums Ausdruck gefunden und seine kirchliche Unabhängigkeit vom Osten betont hatte. Noch vor wenigen Jahren hatte Byzanz eine dynastische Verbindung mit dem fränkischen Herrscherhaus zu erreichen versucht, und Karl hatte dem ebenso wie der Bilderverehrung zugestimmt. Jetzt war davon nicht mehr die Rede. – Der Bilderstreit wurde 843 auf einer Synode in Konstantinopel endgültig zugunsten der Bilder entschieden.
Im Jahre 799 erschien Papst Leo III. hilfesuchend bei Karl in Paderborn. Gegner, wie sie damals nahezu jeder Papst in Rom besaß, hatten die Rechtmäßigkeit seines Pontifikats bestritten, ihm ehrenrührige Dinge vorgeworfen. Während einer Frühlingsprozession war es zu einem Krawall gekommen. Man hatte Leo von seinem Pferd gerissen und in den Straßenschmutz geworfen. Es war zu einer regelrechten Schlägerei gekommen. Einige wollten ihm Augen und Zunge herausreißen. Man konnte den Heiligen Vater nur mit Mühe und Not in einer Kirche in Sicherheit bringen. Das Recht des Mißhandelten konnte nur der Patricius von Rom herstellen. So begab sich Leo auf den Weg zu Karl. Unterwegs schloß sich dem heimlich Entwichenen ein prächtiges Gefolge an. Karl wiederum empfing den Hilfesuchenden mit allen Ehren. Aber auch die Rivalen Leos erschienen in Paderborn und brachten ihre Klagen vor. Karl versprach eine Untersuchung des Falles, ordnete zunächst die Wiedereinsetzung Leos an und ließ ihn nach Rom unter reichem Gefolge – die Erzbischöfe von Köln und Salzburg, fünf Bischöfe und drei Grafen – zurückkehren. Die Untersuchungskommission kam zu keinem Urteil, obwohl der Erzbischof von Salzburg vertraulich wissen ließ, daß allerlei wenig Erfreuliches gegen den Stellvertreter Petri vorliege. Im nächsten Jahr machte sich Karl selber auf den Weg nach Rom. Er nahm an mehreren Sitzungen der Prozeßkommission teil. Am 23. Dezem-

ber 800 versammelte man sich zum Abschluß des Verfahrens in der Peterskirche. Das Urteil stand von vornherein fest. Keineswegs beabsichtigte Karl, den Papst fallenzulassen. Leo leistete in den vorgeschriebenen feierlichen Formen einen Reinigungseid. Damit war er entlastet. Für seine Gegner konnte es nach römischem Recht nur die Todesstrafe geben. Diese zu verhängen war jedoch allein das Recht des Kaisers in Byzanz. Ob die Absicht des Papstes, Karl zum Kaiser der Römer zu krönen, damit zusammenhing oder einer ungleich größeren Konzeption entsprang, ist immer wieder diskutiert worden. Ausgeschlossen ist es, daß Karl von dem Plan überhaupt nichts gewußt hat. Wie der Papst wünschte auch er klare Rechtsverhältnisse, nachdem das »Reich« faktisch nicht mehr bestand und die Wirkungskraft des oströmischen Kaisers sich praktisch nur auf wenige Stützpunkte in Italien beschränkte. Überrascht und verstimmt war Karl nur über die Formen, in denen der Papst am 25. Dezember die Kaiserkrönung vollzog und die auf eine wohlüberlegte Handlung deutete. Der fränkische König erschien als der vom Papst mit religiöser Weihe berufene Herrscher des Abendlandes. Der Papst setzte Karl die Kaiserkrone aufs Haupt und ließ ihn, ganz nach römischem Recht, vom anwesenden Volk, das natürlich instruiert war, durch die übliche Akklamation und nachfolgende Adoration zum Kaiser ausrufen. Man soll der Aktivität des Papstes jedoch nicht den Sinn verborgener Herrschaftsgelüste unterstellen. Sein Vorgehen lag gewiß auf der Linie kurialer Gedankenentwicklung, wie sie in der »Konstantinischen Schenkung« vorgezeichnet war. Einen bildhaften Ausdruck hierfür mochte man in dem Mosaik erblicken, das Leo lange vor der Krönung im Speisesaal des Lateranpalastes hatte anbringen lassen. Dort wurde in einer Doppeldarstellung auf der einen Seite Petrus gezeigt, wie er mit der Rechten dem knienden Leo III. das Pallium, mit der Linken Karl das Banner der Stadt Rom überreicht. Der andere Teil des Bildes zeigte Christus, wie er Papst Silvester die Schlüssel und Kaiser Konstantin das Banner überreicht. *Grundsätzlich* unterschied sich die Idee dieser Darstellung gar nicht so weit von den Gedanken, die auch am Hofe Karls und bei diesem selber von der Führung des christlichen Abendlandes lebendig waren. *Alkuin,* der theologische Hauptratgeber Karls, bejahte durchaus die von Papst Gelasius aufgestellte Idee von den zwei Gewalten, die er nach dem Herrenwort (Luk. 22,38) unter dem Bilde von zwei Schwertern begründete. Aber während die römische Theorie eine Scheidung der beiden Gewalten und zugleich die Überlegenheit der geistlichen über die weltliche vertrat, sprach Alkuin beide Schwerter dem Kaiser zu. So hat Karl sich auch als christlicher Herrscher verstanden. Er war König und Priester zugleich, wie der alttestamentliche Priesterkönig Melchisedek (1. Mos. 14). Genauso betrachtete er jetzt sein Kaisertum, das ihm zunächst nichts Neues eintrug und für das er offiziell den Titel gebrauchte: Karl, der durchlauchtigste Augustus, der von Gott gekrönte, große, friedbringende, das Römische Reich lenkende Kaiser, durch Gottes Gnade auch König der Franken und Langobarden. Das Kaisertum als eine Gabe des Papstes anzusehen, hat Karl stets abgelehnt. Zunächst hatte das Papsttum den Kaiser als rechtmäßigen Schutzherrn der Kirche nötig. Das zeigte sich sofort, als Karl das Todesurteil über die Ankläger des Papstes fällte. Leo hat diese allerdings zur Strafe der Verbannung begnadigt und ihnen mit Karls Einverständnis das Frankenreich als Exil zugewiesen, von wo sie nach Leos Tode wieder nach Rom zurückkehrten. Sonst hat Karl von seinen kaiserlichen Rechten wenig Gebrauch gemacht. Die Entwicklung einer Kaiser*idee* ist erst unter den Ottonen eingetreten.

Zunächst war die Errichtung eines neuen, zweiten Kaisertums ein Schlag für Byzanz, das in Karl einen Gegenkaiser sehen mußte. Karl hat eine Zeitlang an eine Heirat mit der Kaiserin Irene gedacht. Aber als diese bald von ihrem Thron gestürzt wurde, kam es zehn Jahre lang zu kriegerischen Auseinandersetzungen zwischen Karl und Kaiser Nikephorus, die damit endeten, daß Ostrom das doppelte Kaisertum hinnehmen mußte. Damit war jedoch der Bruch zwischen Abendland und Orient besiegelt.

Mit Karls Ausgang war die lange Zeit des Übergangs zum Abschluß gekommen. Nach ihm begann – um die überkommene Bezeichnung zu gebrauchen – das Mittelalter.

Personenregister